主　　编　孙晓勇　国家法官学院院长
　　　　　　　　　最高人民法院司法案例研究院院长
副 主 编　彭永和　最高人民法院司法案例研究院副院长
　　　　　刘　畅　最高人民法院司法案例研究院规划部主任
　　　　　黄　斌　国家法官学院科研部负责人
主编助理　边疆戈　国家法官学院科研部编辑
　　　　　赵文轩　最高人民法院司法案例研究院规划部编辑
　　　　　刘丽媛　最高人民法院司法案例研究院规划部编辑

《中国法院年度案例》编辑人员（按姓氏笔画）
刘　畅　朱建伟　朱　琳　李晓果　杨小利
罗胜华　胡　岩　赵文轩　唐世银　袁登明
曹海荣　梁　欣　程　瑛

本书编审人员　胡　岩

中国法院

2021年度案例

国　家　法　官　学　院
最高人民法院司法案例研究院◎编

雇员受害赔偿纠纷

（含帮工损害赔偿纠纷）

中国法制出版社
CHINA LEGAL PUBLISHING HOUSE

《中国法院年度案例》通讯编辑名单

序

党的十八大以来，以习近平同志为核心的党中央高度重视法治在推进国家治理体系和治理能力现代化中的重要作用，中央全面依法治国工作会议更是明确习近平法治思想在全面依法治国中的指导地位，为全面依法治国提供了根本遵循和行动指南。近年来，人民法院始终将加强司法案例研究作为推进全面依法治国的重要途径，通过发布具有普遍指导意义的典型案例，统一法律适用、提高审判质量，不断推进人民法院严格公正司法。《中国法院年度案例》丛书，旨在完善中国特色案例指导制度，总结提炼典型案例的裁判规则和裁判方法，发挥司法规范、指导、评价、引领的重要作用，大力弘扬社会主义核心价值观，增强全民法治意识和法治素养，展现新时代我国法治建设新成就。

《中国法院年度案例》丛书自2012年编辑出版以来，已连续出版9套，受到读者广泛好评。近年来，为更加全面地反映我国司法审判执行工作的发展进程，顺应审判执行实践需要，响应读者需求，丛书2014年度新增金融纠纷、行政纠纷、刑事案例3个分册，2015年度将刑事案例调整为刑法总则案例、刑法分则案例2个分册，2016年度新增知识产权纠纷分册，2017年度新增执行案例分册，2018年度将刑事案例扩充为4个分册。自2020年起，丛书由国家法官学院与最高人民法院司法案例研究院共同编辑，每年年初定期出版。在全国各级人民法院的大力支持下，丛书编委会现编辑出版《中国法院2021年度案例》系列丛书，共23册。

《中国法院年度案例》丛书以开放务实的态度、简洁明快的风格，在编辑中坚持以下方法，努力把案例书籍变得“好读有用”：一是高度提炼案例内容，控制案例篇幅，每个案例基本在3000字以内；二是突出争议焦点，剔除无效信息，尽可能在有限的篇幅内为读者提供有效、有益的信息；三是注重对裁判文书的再加工，大多数案例由案件的主审法官撰写“法官后语”，高度提炼、总结案例的指导价值，力求引发读者思考，为司法工作提供借鉴，为法学研究提供启迪。

《中国法院年度案例》丛书编辑工作坚持以下原则：一是广泛选编案例。国家法官学院和最高人民法院司法案例研究院每年通过各高级人民法院从全国各地法院汇集上一年度审结的典型案例近万件，使该丛书有广泛的精选基础，优中选优，可提供给读者新近发生的全国各地多种类型的典型性案例。二是方便读者检索。为体现以读者为本，丛书分卷细化，每卷下还将案例主要根据案由分类编排，每个案例用一句话概括裁判规则、裁判思路或焦点问题作为主标题，让读者一目了然，迅速找到目标案例。

中国法制出版社始终全力支持《中国法院年度案例》丛书的出版，给了作者和编辑们巨大的鼓励。2021年，丛书将继续提供数据库增值服务。购买本书，扫描前勒口二维码，即可在本年度免费查阅往年同类案例数据库。我们在此谨表谢忱，并希望通过共同努力，逐步完善，做得更好，真正探索出一条编辑案例书籍、挖掘案例价值的新路，更好地服务社会主义法治国家建设、服务法治社会建设、服务学习研究法律的读者。

《中国法院年度案例》丛书既是法官、检察官、律师等法律工作者的办案参考和司法人员培训的实用教材，也是社会大众学法用法的经典案例读本，同时是教学科研机构案例研究的良好系列素材。当然，案例作者和编辑在编写过程中也难以一步到位实现最初的编写愿望，客观上会存在各种不足甚至错误，欢迎读者批评指正。我们愿听取各方建议，不断扩宽深化司法案例研究领域，实现中国特色案例研究事业的新发展。

国家法官学院

最高人民法院司法案例研究院

2021年2月22日

目　录

Contents

一、雇佣关系的确定

二、雇佣关系与承揽关系的区分

三、雇主与雇员的责任划分

四、雇主与其他被告、第三人之间的责任划分

五、赔偿协议与标准

六、义务帮工的认定与责任承担

附录：

一、雇佣关系的确定

1

个人劳务中雇佣关系的认定标准

——冯某大诉轰达公司提供劳务者受害责任案

【案件基本信息】

1. 裁判书字号

江苏省常州市中级人民法院（2019）苏04民终3126号民事判决书

2. 案由：提供劳务者受害责任纠纷

3. 当事人

原告（上诉人）：冯某大

被告（被上诉人）：轰达公司

第三人：秦某

【基本案情】

2018年3月，轰达公司与秦某联系，询问其是否能够为轰达公司做护栏和拆除煤气发生炉。秦某表示没有时间，遂联系冯某大和年某洋二人，由二人至轰达公司处做工，工钱由秦某负责与轰达公司结算，再由秦某给付冯某大及年某洋。2018年3月10日，冯某大在进行煤气发生炉拆除工作时，不慎从高处摔下。秦某接到冯某大摔伤的通知后，赶至轰达公司处，将冯某大送往常州市武进中医院就诊。事故发生后，冯某大个人支付医疗费金额共计20649.48元。冯某大提起诉讼，要求轰达公司赔偿医疗费20706.48元。

诉讼过程中，冯某大明确表示不要求秦某承担赔偿责任。

【案件焦点】

能否认定轰达公司系冯某大的雇主，双方之间是否存在雇佣法律关系，如何认定雇佣关系中的雇主。

【法院裁判要旨】

江苏省常州经济开发区人民法院经审理认为：雇佣关系最显著的法律特征为雇员的工作不具有独立性，必须受雇主的指示，并由雇主向雇员给付报酬。本案中，冯某大至轰达公司处从事劳务活动，系受秦某指示，并最终由秦某向冯某大支付相应的劳务报酬。虽然冯某大与秦某均表示，秦某并未从中赚取任何利益，但是根据冯某大提供的由秦某本人书写的证人证言载明："冯某大和年某洋于2018年3月8日下午将护栏做好后，方某勤又叫他们把退火炉不用的煤气发生炉拆除。冯某大当时就打电话问我拆不拆。于是我在2018年3月8日下午赶到轰达钢管厂，向方某勤确认是否要拆除。方某勤说，要拆的，炉子不用了，炉子拆除后要造车间。得到确认后，我就让冯某大和年某洋3月9日开始拆除，方某勤当场同意。"该证言说明冯某大在轰达公司处从事涉事劳务工作，并未直接听从轰达公司的工作指示，而是经由秦某与轰达公司确认相关工作内容后，再由秦某指示冯某大开始工作，冯某大系服从于秦某的指示。另，根据冯某大当庭陈述："我以前也跟着他干过几次，都是方某勤交给他，他再给我们，我不跟方某勤打交道。"且根据各方诉讼参与人陈述，在冯某大受伤后，与冯某大一同在轰达公司处工作的年某洋在第一时间联系的人为秦某，待一小时后，秦某到轰达公司处，方才将冯某大送医，冯某大本人及年某洋均未要求在场的轰达公司相关人员将冯某大先行送医。秦某接到电话后，亦未要求轰达公司先将冯某大送医治疗，而是回答："知道了，已经在赶来的路上。"以上均可以说明秦某与冯某大之间存在更加紧密的控制、支配和从属关系。此外，冯某大在轰达公司处工作几天后即受伤入院，随后秦某即结算给冯某大4000多元工资，而秦某从轰达公司处结取工钱，则是在2018年8月21日，说明冯某大与秦某之间应存在其他用工关系。即便如冯某大与秦某所言，在结算工资事宜上，秦某未赚取利益，但不足以证明冯某大与轰达公司之间存在雇佣关系。因轰达公司作为最终的接受劳务一方，在接受冯某大所提供的劳务过程中，提供给冯某大等使用的脚手架为安全性能较低的毛竹所搭建，亦未派人在现场进行有效和必要的安全管理，且在冯某大受伤后，亦未能从人道主义、尽快救助伤者的角度，第一时间将冯某大送医治疗，故对冯某大损害后果的发生亦存在一定的过错责任。冯某大本人对高处作业具有危险性应具有合理的预知，在施工过程中对自身安全未能尽到足够充分的注意义务，导致不慎摔伤，其自身亦存在一定的过错。因诉讼过程中，冯某大明确表示不要求秦某承担相应的赔偿责任，故本案中综合各方当事人的过错程度，确认由轰达公司对冯某大的损害后果承担30%的责任。因此，对于冯某大因本起事故支付的医疗费20649.48元，由轰达公司负担6194.84元。

江苏省常州经济开发区人民法院依照《中华人民共和国侵权责任法》第三条、第十六条、第三十五条，《最高人民法院关于审理人身损害赔偿案件适用法律若干问题的解释》第十一条、第十九条，《中华人民共和国民事诉讼法》第六十四条的规定，判决：

一、轰达公司于本判决生效之日起十日内赔偿冯某大人民币6194.84元；

二、驳回冯某大其余诉讼请求。

冯某大不服一审判决，提起上诉。

江苏省常州市中级人民法院经审理认为：第一，关于各方当事人之间法律关系的认定。结合各方陈述的工作内容的确认，工作报酬的结算、支付等情况来看，在提供涉案劳务过程中，冯某大与秦某存在劳务合同关系，轰达公司与秦某之间存在承揽合同关系，而非冯某大所述的劳务合同关系。第二，关于法律适用。本案中，冯某大并未要求秦某承担相应法律责任，故本案并不存在适用《中华人民共和国侵权责任法》[①] 第三十五条的余地。而轰达公司承担相应法律责任系因其存在指示、选任过失，法律依据为《最高人民法院关于审理人身损害赔偿案件适用法律若干问题的解释》第十条。冯某大的上诉请求不能成立，不予支持。一审判决适用法律存在不当，法院予以纠正。但一审判决结果并无不当，法院予以维持。

---

① 《中华人民共和国民法典》于2021年1月1日起实施，《中华人民共和国婚姻法》《中华人民共和国继承法》《中华人民共和国民法通则》《中华人民共和国收养法》《中华人民共和国担保法》《中华人民共和国合同法》《中华人民共和国物权法》《中华人民共和国侵权责任法》《中华人民共和国民法总则》同时废止。最高人民法院对相关司法解释也进行了废止或修改。本书收录的案例均裁判于《中华人民共和国民法典》生效前，适用的是当时有效的法律法规及司法解释，下文将不再对此进行提示。

江苏省常州市中级人民法院依照《中华人民共和国民事诉讼法》第一百七十条第一款第一项规定，判决：

驳回上诉，维持原判。

【法官后语】

本案的处理重点在于如何认定雇佣关系中的雇佣人，即如何认定雇主。司法实践中，经常遇到涉及雇佣、承揽、承包等多种法律关系的提供劳务者受害责任纠纷。对于此类案件，如果能够厘清其中的雇佣关系责任主体，明确受害人的雇主是谁，其他相关主体的赔偿责任问题大多能迎刃而解，这往往也是审理此类案件的难点所在。雇佣关系一般是指根据当事人约定，一方于一定或不定期限内受他方指示，为他方提供劳务，他方给付报酬的契约关系。其中指示监督对方从事一定劳务，并给付报酬之人，即雇主（雇佣人）。在雇佣关系中，雇主与雇员之间存在控制、支配和隶属关系。成立雇佣关系的特征在于，受雇人需接受雇佣人的监督，服从其指示。至于雇主有无从雇员的劳务活动中赚取差价，获取利益，不是认定其是否是雇主的决定因素。雇佣人指示的内容包括从事劳务的内容、时间、地点及方式等。就提供和接受劳务双方而言，如果一方对另一方享有指示或命令的权利，并且这种指示或命令是关于另一方如何完成其劳务活动的方法或要求的，则可以认定双方之间存在雇佣关系或劳务关系。

本案中，秦某通知冯某大至轰达公司从事劳务活动，劳务报酬由秦某从轰达公司结算领取后支付给冯某大，形式上符合雇佣法律关系的特征。更为关键的是，对于在轰达公司从事的具体劳务内容，无论是做护栏还是拆除炉子，冯某大仅服从于秦某的指示。特别是在完成秦某起初交代的做护栏工作后，对于轰达公司提出的拆除工作要求，冯某大并未直接听取，而是先询问秦某是否要做，在收到秦某要求做拆除工作的指示后，才开始为轰达公司拆除炉子。说明对于所从事的劳务活动，冯某大并非服从轰达公司指示，而系受秦某的监督，服从秦某的指示。因此，本案中应当认定为秦某为冯某大的雇主，而非轰达公司。

另外，在司法实践中还需十分注意区分雇佣关系中的雇主与雇佣活动中的介绍人、召集人、管理人。本案中，冯某大及秦某即主张秦某只是劳务活动的联系人、介绍人，并非雇主。正如前文所言，雇主与雇员之间存在人身上的支配、从属关系，而联系人、介绍人、召集人等与雇主最大的区别应在于他们与雇员之间不存在控制、支配关系。对于雇佣活动中的管理人，对其他雇员的劳务活动常存在一定的监督、指示和管理行为。但是管理人员对雇员的监督、管理，仅是对雇员一种外在形式上的支配，多表现为在工作场所对工作内容的分配和指导等，二者之间并不存在身份上的从属关系，与雇员之间是否存在身份上的从属与支配关系，是区分雇主与管理人的关键。另外，还可以从雇员劳务报酬支付主体、劳动工具或设备的提供主体、雇员实施劳务行为的受益主体等方面来区分雇主与其他主体。

编写人：江苏省常州经济开发区人民法院　刘玉凤

2

从事实施工合同关系认定实际施工人

——李某军诉尚飞公司等提供劳务者受害责任案

【案件基本信息】

1. 裁判书字号

江苏省南通市中级人民法院（2019）苏06民终1831号民事判决书

2. 案由：提供劳务者受害责任纠纷

3. 当事人

原告（被上诉人）：李某军

被告（上诉人）：尚飞公司、刘某云

被告（被上诉人）：艺博工程队

【基本案情】

2016年3月24日尚飞公司与艺博工程队签订《工程施工合同》，工程地点为通宝公司，2016年4月1日，李某军受刘某云雇请到该工地从事拆除钢结构工程工作。4月8日下午4时，李某军在施工现场从高空落地致身体多处骨折，当日被送往如皋港人民医院住院治疗至2016年5月11日，尚飞公司支付医疗费62751.31

元。2017年9月10日李某军到如皋港人民医院进行取内固定术，住院至2017年9月18日。李某军因此事故损失各项费用未得到赔偿，遂于2017年10月17日诉至法院，要求尚飞公司、刘某云、艺博工程队赔偿损失，并申请对其伤残等级进行鉴定。经法院组织双方听证后，委托如皋市人民医院司法鉴定所鉴定，意见为“被鉴定人李某军因外伤致右肩、左髋关节活动受限、右侧多发肋骨骨折等，被综合评定为人体损伤八级伤残。被鉴定人李某军损伤后的误工期限以360日为宜，营养期限以180日为宜，护理期限以180日为宜，住院期间需二人护理，余护理期限内需一人护理”。法院于2018年5月22日召开庭前会议，双方当事人均到庭发表意见，后因开庭时，刘某云被限制人身自由，李某军撤诉。2018年7月26日李某军确定刘某云在监狱服刑后，再次诉至法院，法院传票传唤双方到盐城监狱开庭，因李某军未到庭，法院按撤诉处理。2018年10月16日李某军第三次就原主张的内容诉至法院，并要求就尚飞公司垫付的医疗费62751.31元在本案中一并处理。

【案件焦点】

本案实际施工人与发包人应当如何认定。

【法院裁判要旨】

江苏省如皋市人民法院经审理认为：刘某云应承担雇主责任。根据双方当庭陈述，李某军打电话给刘某云询问有没有活干，刘某云答应李某军来干活，双方雇佣关系成立，且双方一致认可该事实。根据法律规定，个人之间形成劳务关系，提供劳务一方因劳务自己受到损害的，根据双方各自的过错承担相应的责任。本案中，李某军进行高空作业时，擅自解掉保险带，违规操作，对自身的损害应当承担次要责任。综合案情，刘某云对李某军的受伤应当承担70%的赔偿责任。尚飞公司应当与刘某云承担连带责任。法律规定，雇员在从事雇佣活动时因安全生产事故遭受人身损害，发包人、分包人知道或者应当知道接受发包或者分包业务的雇主没有相应资质或者安全生产条件的，应当与雇主承担连带赔偿责任。本案中，尚飞公司将工程发包给没有资质的个人刘某云，应当与刘某云承担连带赔偿责任。艺博工程队不应承担赔偿责任。根据庭审中当事人陈述，尚飞公司与艺博工程队就案涉工程签订了书面合同，刘某云与尚飞公司、艺博工程队均未签订书面合同，但该工程实际由刘某云召集人员施工，直接与尚飞公司结账，领取工程款，刘某云与尚飞公司形成事实上的施工合同关系，可以认定艺博工程队与尚飞公司合同的权利义务已概括性地转让给刘某云，故艺博工程队不应承担赔偿责任。对尚飞公司抗辩的刘某云系艺博工程队的项目负责人，艺博工程队就李某军受伤在该公司领取款项等内容，均未提供任何证据，难以采信。特别是庭审中双方争议的，由艺博工程队负责人刘某在尚飞公司签字领取给李某军治疗款项的收条，作为关键性证据，李某军第一次诉讼时庭前会议中，尚飞公司负责人于某承诺庭后三日内提供，后未能提供，本次诉讼中，法庭再次要求尚飞公司提供，尚飞公司承诺庭后三日内提供，但仍然未能提供，因此尚飞公司应当承担对其不利的后果。

江苏省如皋市人民法院依据《中华人民共和国侵权责任法》第三条、第六条、第十六条、第二十二条、第二十六条、第三十五条，《最高人民法院关于审理人身损害赔偿案件适用法律若干问题的解释》第十一条、第十七条、第十八条规定，判决：

一、刘某云赔偿李某军因事故造成的各项损失302043.55元，扣减尚飞公司已垫付的62751.31元，余款239292.24元于判决生效后十日内履行；

二、尚飞公司对刘某云上述赔偿义务承担连带责任；

三、驳回李某军的其他诉讼请求。

尚飞公司、刘某云不服一审判决，提起上诉。

江苏省南通市中级人民法院经审理认为：本案中，尚飞公司曾与艺博工程队就案涉钢结构拆除工程签订工程施工合同，但艺博工程队主张签订合同后因其不愿施工，尚飞公司的法定代表人于某要求其找他人施工，随后其找到刘某云，最后工程施工以及工程款结算均由尚飞公司与刘某云自行处理，其未再参与。一审庭审中，刘某云对艺博工程队的上述主张予以认可。尚飞公司对案涉工程实际由刘某云组织施工不持异议，其主张案涉工程款结算给刘某云和刘某，但未能提供结算凭证。法院认为，对施工主体不应仅根据书面合同约定，还要结合实际履行中的具体情况作出综合认定。本案中，尚飞公司与艺博工程队虽签订工程施工合同，但双方未按照该合同约定履行各自义务，而是由刘某云完成案涉钢结构拆除施工任务，尚飞公司对刘某云的施工行为未提出异议，并直接向刘某云支付了相应的工程款，可以认定其对刘某云承接案涉钢结构拆除工程予以认可，并以其实际行动履行了相应的合同义务。故而一审法院认定尚飞公司与刘某云之间形成事实上的施工合同关系符合法律规定。

江苏省南通市中级人民法院依照《中华人民共和国民事诉讼法》第一百七十条第一款第一项规定，判决：

驳回上诉，维持原判。

【法官后语】

建筑行业的快速发展，吸引了大量农民工就业，拉动了相关产业的发展。然而，近年来施工单位受利益驱使进行违法分包造成安全生产事故频发，由此引发的提供劳务者受害责任纠纷呈逐年上升态势。此类纠纷中大部分实际施工人与农民工形成了雇佣关系，又与发包人、承包人、劳务分包人形成了多重法律关系。因此，审理此类提供劳务者受害责任纠纷案件，必须对实际施工人的身份进行准确无误的分析和认证，才能正确把握案件的争议焦点，从而准确厘清责任，有利于矛盾的解决。本案的判决，正是从事实施工合同关系对本案的实际施工人进行了准确认定，促使实际施工人在获取合法权益的同时，积极履行应尽的义务，承担应有的责任，起到了较好的社会引导作用，也为类似纠纷提供了范例。

目前，我国法律对实际施工人的认定没有做出明确规定，因此，在审判实践中，应正确理解实际施工人的内涵和外延，严格准确地把握实际施工人的范围。笔者认为，实际施工人的构成要件具体应包括以下几个方面：

一、实际施工人与发包人形成施工合同法律关系

实际施工人的出现前提是与发包人形成施工合法法律关系，这种施工合同法律关系既包括通过书面的施工合同明确约定，又包括未签订书面合同情形下形成的事实施工合同关系。本案中，尚飞公司、艺博工程队虽签订了工程施工合同，但双方未按照该合同约定履行各自义务，而是由刘某云完成案涉钢结构拆除施工任务，有独立的工程施工意思表示，尚飞公司亦对刘某云的施工行为未提出异议，并直接向刘某云支付了相应的工程款，可以认定其对刘某云承接案涉钢结构拆除工程予以认可，并以其实际行动履行了相应的合同义务，双方形成事实施工合同关系。

二、实际施工人以非法转包、违法分包、借用资质、挂靠合同的存在为内核

与施工人相对，实际施工人通常是在建设工程中借用资质、挂靠、违法分包、非法转包的情形之下产生，而这些情形之下所实施的行为都属于违规行为。于是，

在实际操作中，相关主体通常会采用一些隐蔽的手段，具有一定的隐蔽性。因此，在认定实际施工人时，需要通过深入了解案情，厘清相关主体在整个建设工程内部的实质性身份，对建设工程中可能存在的借用资质、挂靠、违法分包、非法转包的情形加以注意。

三、实际施工人应当是独立的第三方，且实际完成了工程承担

根据《最高人民法院关于审理建设工程施工合同纠纷案件适用法律问题的解释(一)》第四十三条第二款的规定，实际施工人能够突破合同的相对性向发包人主张权利，因此本质上其必须是独立的第三方，这个法律地位不同于发包人和承包人，也不应当是项目经理、企业内部承包人及其他承包人的履行辅助人。

根据《建设工程项目管理规范》内容的要求，建设工程的施工应该设立能够全面承担工程施工和管理任务责任的项目经理部。而实际施工人往往出现在借用资质、挂靠、违法发包关系下的建设工程中，则不可能存在一个完整的项目经理部，也就是说，实际施工人几乎全面取代了承包人在建设工程合同中履行合同约定的角色。

编写人：江苏省如皋市人民法院　邵明振

3

雇员发生损害事故后赔偿责任的承担

——谭某黎诉张某等提供劳务者受害责任案

【案件基本信息】

1. 裁判书字号

湖北省黄冈市中级人民法院（2019）鄂11民终1923号民事判决书

2. 案由：提供劳务者受害责任纠纷

3. 当事人

原告（被上诉人）：谭某黎

被告（上诉人）：梁某

被告（被上诉人）：张某、晟宏伟业物流公司、梁某卫

【基本案情】

谭某黎经人介绍在红安县永佳河镇军龙沙场从事货车运输。2017年11月6日21时许，谭某黎驾驶装满河沙的货车行驶至红安县永佳河镇彭忠村路段时，下车后，车辆突然后滑导致车辆侧翻至路边水沟，造成谭某黎受伤车辆受损的交通事故。红安县交通警察大队作出道路交通事故认定书，认定谭某黎负本次事故的全部责任。

谭某黎受伤后，于2017年11月6日至11月10日在红安县人民医院接受治疗，后晟宏伟业物流公司安排谭某黎转入中国人民解放军161医院、武汉紫荆医院治疗，先后住院46天，花费医疗费用35834.57元。2017年12月22日，中国人民解放军161医院建议：谭某黎全休3月，加强营养。2018年1月17日，谭某黎的损伤程度经武汉福田爱民司法鉴定中心作出司法鉴定，其损伤构成十级伤残；建议给予后续治疗费15000元；自受伤之日起，误工评定为240日；护理期90日。货车登记于梁某名下，车辆在沙场承揽运输，均挂靠于晟宏伟业物流公司。车辆加油及维修、司机生活费、工资均由张某代付，由梁某卫与张某结算运输收入及代付款项。

【案件焦点】

如何确认谭某黎的雇主。

【法院裁判要旨】

湖北省红安县人民法院经审理认为：本案中，货车登记车主是梁某，挂靠于晟宏伟业物流公司。梁某卫在庭审中只认同是车辆代管关系，梁某与梁某卫之间没有签订转让协议。货车在沙场承揽运输，加油及维修、司机生活费、工资均由张某代付，由梁某卫与张某结算运输收入及代付款项，故本案交通事故发生时可以认定谭某黎的雇主是梁某，系车辆最终受益人。梁某与梁某卫若就货车存在其他协议，涉及争议，亦可另行主张权利。本案中，谭某黎负本次事故的全部责任。谭某黎作为被雇请人，在下车后，车辆后滑导致车辆侧翻至路边水沟，造成谭某黎受伤车辆受损，显然对损害的发生有过错，可以减轻侵权人的责任，其没有向法院提交证据证

实是车辆突发故障，故可以减轻雇主梁某的赔偿责任，结合本案客观实际，酌情认定谭某黎承担30%的责任，梁某承担70%的赔偿责任，即110695元。货车挂靠于晟宏伟业物流公司，依法应对上述赔偿款承担连带责任。张某、梁某卫在本案中不承担赔偿责任。

湖北省红安县人民法院依照《中华人民共和国物权法》第二十四条，《中华人民共和国侵权责任法》第二十六条、第四十八条，《最高人民法院关于审理道路交通事故损害赔偿案件适用法律若干问题的解释》第三条，《中华人民共和国民事诉讼法》第九十条、第一百四十二条之规定，判决：

一、梁某于本判决生效后十日内向谭某黎一次性支付赔偿款110695元，晟宏伟业物流公司承担连带责任；

二、驳回谭某黎其他诉讼请求。

梁某不服一审判决，提起上诉。

湖北省黄冈市中级人民法院经审理同意一审法院裁判意见。依照《中华人民共和国民事诉讼法》第一百七十条第一款第一项规定，判决：

驳回上诉，维持原判。

【法官后语】

本案处理重点在于，雇员在发生伤害后，雇主的认定及本次事故损害赔偿的责任。《中华人民共和国道路交通安全法实施条例》第五条规定，初次申领机动车号牌、行驶证的，应当向机动车所有人住所地的公安机关交通管理部门申请注册登记。《中华人民共和国民法典》第二百二十五条规定："船舶、航空器和机动车等的物权的设立、变更、转让和消灭，未经登记，不得对抗善意第三人。"确认机动车的所有人首先以登记内容为依据，如实际车主与登记车主不一致时再依据转让合同或者其他证据予以认定。本案中，各方对于晟宏伟业物流公司车辆的实际登记人为梁某的事实均无异议，根据已查明的事实可知，该运输车辆的所有人不是张某，该运输车辆产生的收益也不归张某享有，从张某与梁某卫进行车辆运营结算可以明确证实车辆的受益人不是张某，且在运营过程产生的相关费用及由张某先行垫付的费用均得到梁某卫的书面认可，加之涉案车辆实际车主为梁某，应认定梁某系车辆最终受益人，是受害人谭某黎的实际雇主，而不能仅仅根据支付工资人来推定张某为雇主。

《中华人民共和国民法典》第一千一百七十三条规定："被侵权人对同一损害的发生或者扩大有过错的，可以减轻侵权人的责任。"本案中，谭某黎在下车后，车辆失控后滑导造成其受伤车辆受损，存在明显过错，理当承担相应责任。《最高人民法院关于审理道路交通事故损害赔偿案件适用法律若干问题的解释》第三条规定："以挂靠形式从事道路运输经营活动的机动车发生交通事故造成损害，属于该机动车一方责任，当事人请求由挂靠人和被挂靠人承担连带责任的，人民法院应予支持。"本案中，货车挂靠于武汉晟宏伟业物流公司，依法应对上述赔偿款承担连带责任。

编写人：湖北省红安县人民法院　赵学焕

4

提供劳务者受害责任纠纷案中劳务关系认定标准

——田某诉王某等提供劳务者受害责任案

【案件基本信息】

1. 裁判书字号

北京市第三中级人民法院（2019）京 03 民终 13937 号民事判决书

2. 案由：提供劳务者受害责任纠纷

3. 当事人

原告（被上诉人）：田某

被告（上诉人）：王某

被告（被上诉人）：白某想、平头村委会

【基本案情】

2016 年 7 月，白某想从平头村委会处承包了铺设屋顶彩钢板的工程，由白某想负责提供材料及安装，依照面积结算工程款，双方未签订书面合同，工程款已给付完毕。白某想承接该工程后，给王某打电话，王某找到其妹夫即田某为该工程铺设彩钢板，并商定了日工资。2016年8月4日上午8时许，在平头村委会院内，田某在铺设东侧农机库房屋顶的彩钢板时，被高压电击中后受伤。事发后，其被送往医院救治，经诊断为高压电烧伤，神经损伤，肌肉坏死等。经北京中衡司法鉴定所鉴定为右手功能障碍Ⅷ级，皮肤疤痕累计达体表面积4.5%属Ⅹ级伤残，综合赔偿指数35%。

【案件焦点】

如何确定田某的雇主。

【法院裁判要旨】

北京市密云区人民法院经审理认为：首先，王某找到田某进行此次安装工作，并商定了日工资；其次，王某在庭审中自述此次安装工程，其与白某想经过了核算，一个工人300元、12个工，共计3600元，截至目前，白某想尚欠其之前及本次工费6万余元。如果依据田某、王某所述，王某仅为该安装工程的介绍人，其与白某想之间关于工程款进行核算，明显与常理相悖。另外，王某表示白某想也有工人的电话，有时会直接给工人打电话，故在此情况下，白某想更无须通过其中间介绍寻找工人；再次，依照王某陈述，此次安装工程其与白某想核算为一个工人300元，田某曾在庭审中表示其与王某约定日工资为260元，王某提供的证人王某、唐某均表示王某曾告知其日工资为260~300元，且王某表示焊工工资要高于其他人，由此可推知，工资报酬从中产生了差价；最后，（2017）京0118民初7285号卷宗谈话笔录中，王某曾表示其系轻工，白某想让其安排人干活，发放工资的流程为白某想将钱给王某曾，王某曾负责分发给其找的工人。田某住院时其垫付了2.3万元，白某想垫付了2.7万元。白某想与王某的电话录音中，白某想提出王某承包安装工程多年，王某未表示反对，且王某表示去年包括田某等在内的工人工资均未给齐。据此可知，田某系受王某所雇，依据王某的指派提供劳务，工钱亦和王某协商，工资由王某支付，故田某与王某之间形成事实上的劳务关系。

据此，北京市密云区人民法院依照《中华人民共和国侵权责任法》第十六条、第二十二条、第三十五条，《最高人民法院关于审理人身损害赔偿案件适用法律若干问题的解释》第十一条之规定，判决：

一、除田某已获赔的7万元外，再由王某于本判决生效之日起三十日内赔偿田某医疗费、住院伙食补助费、营养费、护理费、误工费、残疾赔偿金、精神损害抚慰金、残疾辅助器具费、交通费、财产损失等共计697259.21元，白某想、平头村委会承担连带赔偿责任；

二、驳回田某的其他诉讼请求。

王某不服一审判决，提起上诉。

北京市第三中级人民法院经审理认为：根据双方诉辩主张及已经查明的事实，王某认可原审判决确定的田某损失数额，但认为其并非赔偿义务主体，因此本案二审争议焦点主要在于王某应否对田某的损失承担赔偿责任。王某主张其仅系联系人，田某的雇主应当是白某想，但并未提供充分证据予以证明，一审法院综合工资发放情况、当事人录音等相关证据，认定田某是为王某提供劳务，更符合案件实际。田某在从事铺设彩钢板工作时因事故受伤，王某作为接受劳务的一方应当就其损害承担相应的赔偿责任。原审法院结合庭审查明事实、证据提交情况，以及各主体在事故中的过错情况，判令王某赔偿田某相应损失，白某想、平头村委会承担连带赔偿责任，处理适当，法院予以维持。

北京市第三中级人民法院依照《中华人民共和国民事诉讼法》第一百七十条第一款第一项规定，判决：

驳回上诉，维持原判。

【法官后语】

提供劳务者受害责任，是指提供劳务一方在劳务过程中受到损害，接受劳务一方对提供劳务一方的损害承担赔偿责任。目前在社会实践中，大量存在个人之间提供与接受劳务的行为，而个人之间劳务关系普遍存在着以下四大风险：一是提供劳务者风险意识差，自我保护能力低；二是接受劳务一方组织管理与安全保障能力不足；三是部分领域的不规范用工现象明显；四是为规避劳动争议诉讼可能面临的风险，部分身体权、健康权受侵害的个人选择按照提供劳务者受害责任纠纷案由立案，这些问题直接导致了个人之间劳务关系争议案件的高发。

提供劳务者受害纠纷案件，多发生在一些小工厂、小作坊、农村自建房、装修、装饰等业务中，此类案件在劳务关系认定的问题上通常有难点。接受劳务一方与提供劳务一方一般未订立书面劳务合同，几乎都是口头承诺，或者只是经人介绍跟着干活，去留随意性大，权利、义务关系不明确，有些接受劳务一方本身也是提供劳务者，与接受劳务一方一同工作，使得纠纷发生时劳务关系的认定成为一个难题。

一、劳务关系的内涵外延

劳务关系有广义和狭义之分。广义的劳务关系等同于雇佣关系，也叫使用人关系，是指劳动者与用工者根据口头或书面约定，由劳动者向用工者提供一次性或者特定的劳动服务，用工者依约向劳动者支付劳务报酬的一种有偿服务的法律关系。包括劳动合同关系和其他劳务关系。狭义的劳务关系是《中华人民共和国民法典》第一千一百九十二条规定的“个人之间形成”的“劳务关系”。本条第一款规定：“个人之间形成劳务关系，提供劳务一方因劳务造成他人损害的，由接受劳务一方承担侵权责任。接受劳务一方承担侵权责任后，可以向有故意或者重大过失的提供劳务一方追偿。提供劳务一方因劳务受到损害的，根据双方各自的过错承担相应的责任。”自然人之间发生劳务用工关系，致他人受害的，适用本条法律规定。

二、劳务关系认定

劳务关系是劳动者与用工者根据口头或书面约定，由劳动者向用工者提供一次性或者特定的劳动服务，用工者依约向劳动者支付劳务报酬的一种有偿服务的法律关系。劳务关系是由两个或两个以上的平等主体，通过劳务合同建立的一种民事权利义务关系。该合同可以是书面形式，也可以是口头形式和其他形式。本案中，田某在劳务中受到伤害是事实，其作为受害人有权要求王某、白某想、平头村委会承担赔偿责任。本案王某、白某想、平头村委会并无直接的加害行为，不存在直接侵权，因此必须厘清双方当事人之间的法律关系，才能确定最终的赔偿义务主体，也就是必须确定谁是接受劳务者即确定田某是为谁提供劳务。本案中田某与平头村委会之间未签订书面协议，田某在提供劳务第二天便发生事故，未领取劳务报酬。本案特殊之处在于田某与王某存在亲属关系，王某提供的证人全部与王某存在亲属关系，在案件审理过程中田某本人及证人均把雇主指向白某想，而王某坚持认为其仅为中间介绍人，但白某想对此不予认可。故本案难点在于如何认定双方当事人之间的劳务关系，目前没有书面证据，只能依据当事人之间的陈述还原案件事实。

本案中，从劳务报酬商议出发，田某的劳务报酬系王某与其商议决定的，虽然王某坚持其为中间介绍人身份，但庭审中，双方均认可白某想本身有田某的电话，从常理出发应该不需要中间人的介绍。且除田某外，其他的工人也是王某帮忙找的。最重要的一点，王某自述其与白某想之间有劳务报酬的核算，经核算一个工人每天300元，而田某表示其工资为每天260元，王某的证人亦表示工资在260～300元之间，由此推断王某赚取了人头费，这与其中间人的身份严重不符。且王某亦认可其与白某想合作进行安装工作多年，二人之间还有工程款未付清，那么王某和白某想之间的关系就不仅是普通的介绍劳务关系。从日常生活角度出发，本地区很多安装彩钢板的工程，彩钢板销售商仅销售材料，将铺设彩钢板的安装工作发包给包工头，包工头本身有自己组建的安装队伍，工人听从包工头的安排，从事劳务活动，劳务工资亦由包工头支付，双方之间建立长期的合作关系，本案中，通过王某、白某想的陈述，王某与白某想之间的关系很符合本地区铺设彩钢板市场的劳务清包，即雇主将工程包给包工头，但是包工头只负责劳务成本，即只包人工费，材料费和其他工程费用如机械费用都由雇主承担。最终承办法官通过当事人之间的陈述，结合工资发放情况、当事人录音等相关证据，依据经验法则，认定田某是为王某提供劳务，双方成立劳务关系，王某作为接受劳务的一方应对田某的损害承担相应的赔偿责任。

编写人：北京市密云区人民法院　张东冉

5

提成工资形式下劳务关系的认定

——杨某某诉日月纯净水厂提供劳务者受害责任案

【案件基本信息】

1. 裁判书字号

河南省信阳市中级人民法院（2019）豫15民终857号民事判决书

2. 案由：提供劳务者受害责任纠纷

3. 当事人

原告（被上诉人）：杨某某

被告（上诉人）：日月纯净水厂

【基本案情】

2018年6月19日，杨某某在日月纯净水厂的安排下为固始县友好妇科医院送水途中，在固始县城红苏路中段从机动车道往绿化带外的非机动车道拐弯时，不慎翻车受伤，致杨某某右侧胫骨上端粉碎性骨折、右侧股骨踝上骨折，杨某某当日上午入住在固始县中医院进行治疗，2018年7月10日出院，住院21天。现双方对于受伤赔付协商未果，遂诉讼。

【案件焦点】

双方当事人之间法律关系是雇佣关系还是代销关系。

【法院裁判要旨】

河南省信阳市固始县人民法院经审理认为：杨某某以送水工身份在日月纯净水厂从事运送纯净水工作，双方形成劳务（雇佣）关系。依照法律规定，提供劳务一方因劳务自己受到损害的，根据其与接受劳务一方各自的过错承担相应的责任。杨某某受伤发生在送水工作途中，日月纯净水厂应依法承担相应的责任。故对于杨某某诉求中的合理部分依法予以支持。根据现有证据，参照2018年河南省人身损害赔偿标准，其各项费用核定如下：1. 医疗费5450.39元；2. 误工费15078.96元（按照医嘱及日月纯净水厂方提供的杨某某工资表后三个月的平均工资）；3. 护理费2120.02元；4. 营养1530元（根据医嘱，酌定院外1个月）；5. 住院伙食补助费2100元；6. 交通费酌定400元。以上合计26679.37元。日月纯净水厂应承担19343.5元。其余损失由杨某某自己承担。

河南省信阳市固始县人民法院依照《中华人民共和国侵权责任法》第六条、第十六条、第二十六条、第三十五条，《最高人民法院关于审理人身损害赔偿案件适用法律若干问题的解释》第十七条第一款、第十九条、第二十条、第二十一条、第二十二条、第二十三条、第二十四条，《中华人民共和国民事诉讼法》第十三条第二款、第六十四条第一款的规定，判决：

一、日月纯净水厂于本判决生效之日起三十日内赔偿杨某某损失19343.5元；

二、驳回杨某某的其他诉讼请求。

日月纯净水厂不服，提起上诉。

河南省信阳市中级人民法院经审理认为：个人之间形成劳务关系，提供劳务一方因劳务自己受到损害的，根据双方各自的过错承担相应的责任。本案的焦点一是原审认定杨某某和日月纯净水厂的关系为劳务关系是否正确；二是原审认定杨某某是在送水过程中受伤是否正确；三是原审责任划分比例是否恰当。因杨某某是日月纯净水厂招的送水工，为日月纯净水厂工作长达数年，具体负责为县城区域内客户送水，日月纯净水厂支付劳动报酬的方式是以每桶水1.3元的报酬给予送水工工资，每月结算支付一次。杨某某自备简易交通工具（三轮电瓶车），但实质上其提供的主要还是劳务，按照日月纯净水厂的安排和指派，把一定数量的纯净水运送至指定客户处即可。因此，双方之间的劳务关系是明确的，日月纯净水厂认为不存在劳务关系的意见，法院不予支持。关于杨某某受伤是否发生在送水过程中。从杨某某事发受伤后打电话给日月纯净水厂法定代表人刘某国，刘某国将其电瓶车骑回日月纯净水厂等情况，并结合当日杨某某拟送水客户有关证明，以及发生事故的时间等事实，原审认定杨某某系在为日月纯净水厂送纯净水途中受伤是有依据的。关于原审法院对双方的责任划分问题。从保护劳动者合法权益出发，一审法院酌定2:8的责任比例分担损失也是恰当的。综上，原审判决事实清楚，证据充分。日月纯净水厂的上诉意见不能成立，其上诉请求予以驳回。

河南省信阳市中级人民法院依照《中华人民共和国民事诉讼法》第一百七十条第一款第一项之规定，判决：

驳回上诉，维持原判。

【法官后语】

本案是个人在提供劳务的过程中，提供劳务者因自身原因受到伤害后责任承担与损害赔偿过错程度责任比例划分纠纷。因此本案中所涉及的主要法律问题是个人提供劳务受害责任纠纷的特点，赔偿义务主体的认定，提供劳务者受害责任划分。

一、劳务关系的特点

劳务关系是由两个或两个以上的平等主体，通过合同建立的一种民事权利义务关系。该合同可以是书面形式，也可以是口头形式和其他形式。劳务关系主要有以下特征：

（一）主体特征

主体上，双方当事人可以都是法人或公民，也可以一方是法人，另一方是公民。可能是法人之间的关系，也可能是自然人之间的关系，还可能是法人与自然人之间的关系。此外，法律法规对劳务提供者主体资格的要求，不像对劳动关系主体要求那么严格。

（二）关系特征

劳务关系是平等主体之间的合同关系。劳动者提供劳务服务，用人单位支付劳务报酬，无须提供保险、福利等待遇，不存在人身隶属关系。

（三）法律特征

劳务关系是平等主体之间的财产关系，其纠纷是平等主体在履行合同中产生的纠纷，应适用《中华人民共和国民法典》进行规范和调整。

劳务关系基于民事法律规范成立，受民事法律规范的调整和保护，劳务关系可能产生的责任一般是违约和侵权等民事责任。

（四）表现形式

劳务关系是劳动者与用工者根据口头或书面约定，由劳动者向用工者提供一次性或者特定的劳动服务，用工者依约向劳动者支付劳务报酬的一种有偿服务的法律关系。劳务关系是由两个或两个以上的平等主体，通过劳务合同建立的一种民事权利义务关系。该合同可以是书面形式，也可以是口头形式和其他形式。

二、工资提成的性质

提成的方式类似计件制，是将企业盈利按照一定的比例在企业和员工之间分成的方式。提成的规则在于（作为员工）帮别人卖，赚取一定比例。提成有全额提成和超额提成两种。全额提成即按照总销售额的一定比例提成，浮动工资制；超额提成即保证完成一定的基本业务量，超额部分会有提成的奖金，这种方式员工会有一定的基本工资。

现实中采用提成工资制的公司并非全部都严格按照法律规定签订用工合同，提供劳务者也因自身的局限性没能合理维护自身的合法权益。公司与提供劳务者之间更多是用口头约定规范各自的权利与义务，权利与义务以及劳务关系不明确。

超额提成相对于全额提成来讲更具稳定性，有基本工资就会明确员工与用人单位之间的劳务关系。全额提成的员工没有基本工资，收入与销售量直接相关，在没有签订劳动合同的前提下，如果发生争议，就需要区分劳务关系与代销关系，在一定程度上为提供劳务方维权设置了障碍。

三、提成工资形式下劳务关系的认定

提成工资的前提是员工帮雇佣方卖货，赚取一定比例的利润。在实践中全额提成与代销是比较容易混淆的概念，区别在于是否存在劳务关系。

在提成的工资形式下认定劳务关系要考虑是否是一方提供劳动活动，另一方支付约定的报酬。全额提成要认定劳务关系就要排除代销关系，需要综合考量多种因素，提供劳务者的个人素质，是否具有稳定的销售渠道，是否具备高超的销售技能以及提供劳务者的工作内容等；而代销关系应当具备形式上的要件，即是否签订代销协议，这是代销关系与劳务关系的一个重要区别。本案中杨某某是日月纯净水厂招的送水工，为日月纯净水厂工作长达数年，具体负责为县城区域内的客户送水，日月纯净水厂支付劳动报酬的方式是以每桶水1.3元的报酬给予送水工工资，每月结算支付一次。杨某某自备简易交通工具（三轮电瓶车），但实质上为日月纯净水厂提供的主要还是劳务，按照日月纯净水厂的安排和指派，把一定数量的纯净水运送至指定的客户处即可，因此，双方之间的劳务关系是明确的。

编写人：河南省固始县人民法院　裴国刚　王皓娜

6

受托人因口头委托在授权范围内实施劳务雇佣行为的后果及于委托人

——周某旺诉黄某优等提供劳务者受害责任案

【案件基本信息】

1. 裁判书字号

山东省德州市中级人民法院（2020）鲁14民终1475号民事判决书

2. 案由：提供劳务者受害责任纠纷

3. 当事人

原告（被上诉人）：周某旺

被告（上诉人）：李某贵、黄某优

被告：黄某东

【基本案情】

周某旺与案外人杨某春系夫妻，李某贵、黄某优、黄某东和案外人陈某反系福建古田老乡。2019 年 4 月，李某贵等联系杨某春、陈某反协调山东夏津棉籽油厂准备存储棉籽壳，并口头约定相应代办费。后杨某春向李某贵、黄某优介绍银通公司协商存储棉籽壳。经丈量银通公司仓库门，发现货车开不进仓库，银通公司称公司有上垛机可以倒货，李某贵、黄某优分别与银通公司签订租赁合同，约定分别租用银通公司 23、25 号库房存储棉籽壳，货物出入库装卸费由李某贵、黄某优自行承担。后李某贵、黄某优口头委托杨某春联系工人卸载棉籽壳，双方口头约定由杨某春按每吨 14 元垫付卸车费、后续由李某贵、黄某优向杨某春结清。杨某春找好工人后，李某贵、黄某优开始向银通公司卸载存储棉籽壳，由送载车辆按顺序依次送载。因系老乡兼顾卸载方便，李某贵、黄某优遂在银通公司 23、25 号仓库中混放棉籽壳，由周某旺等工人利用上垛机卸载、码垛棉籽壳，李某贵、黄某优抽查监督工人卸货。2019 年 4 月 27 日，李某贵、黄某优与杨某春补签《委托书》一份，双方约定："委托杨某春负责棉壳进货……" 2019 年 5 月 5 日，周某旺等在 23 号仓库卸完黄某优存储的一车棉籽壳后，依存货顺序需赴 25 号仓库卸载李某贵的棉籽壳，遂向 25 号仓库挪移上垛机，逢 23、25 号仓库之间有上下坡道，上垛机进入 25 号仓库时支撑金属管突然断裂，上垛机前端坠落将周某旺砸伤，因伤势较重被送往医院救治。案发后，李某贵、黄某优向杨某春结清所垫付的装卸费。后未达成赔偿协议，周某旺遂诉至人民法院。

【案件焦点】

1. 双方是否存在劳务关系，如存在，与哪方存在劳务关系；2. 如存在劳务关系，哪方承担相应责任；3. 双方是否具有过错，如有过错，损失如何分担。

【法院裁判要旨】

山东省夏津县人民法院经审理认为：关于双方是否存在劳务关系的问题，代理人在代理权限内，以被代理人名义实施的民事法律行为，对被代理人发生效力。本案中，经杨某春介绍联系，李某贵、黄某优租赁银通公司仓库并口头委托杨某春联系工人卸载棉籽壳，双方当事人之间意思表示真实，并不违反法律及行政法规的强制性规定，上述委托合同合法有效。后续案情发展来看，杨某春找好工人后，周某旺等卸载、码垛棉籽壳，李某贵、黄某优抽查监督工人卸货中亦未提出反对意见，应视为对上述委托行为及提供劳务行为的确认。2019年4月27日，李某贵、黄某优又与杨某春补签《委托书》，双方对于委托杨某春负责棉壳进货等行为进行再次确认。足证李某贵、黄某优与杨某春之间就联系周某旺等工人卸载棉籽壳成立无偿委托代理关系。杨某春作为受托人受李某贵、黄某优委托联系工人在银通公司仓库卸载棉籽壳的法律后果及于委托人李某贵、黄某优。关于责任承担的问题，本案案发前，经杨某春介绍联系，李某贵、黄某优与银通公司签订租赁合同，分别租用银通公司23、25号库房存储棉籽壳，租赁合同明确约定货物出入库装卸费由李某贵、黄某优承担。李某贵、黄某优开始存储棉籽壳后，由送载车辆按顺序依次送载棉籽壳，其间因老乡兼顾存储方便，周某旺等工人受指示在23、25号仓库反复混放卸载棉籽壳，其提供劳务对象及接受劳务成果均为李某贵、黄某优。李某贵、黄某优之间虽各自租赁仓库，但二者因混放货物已共同受益于周某旺等工人的劳务成果，理应对上述劳务损害共同承担相应责任。关于双方是否有过错的问题，个人之间形成劳务关系，提供劳务一方因劳务自己受到损害的，根据双方各自过错承担相应的责任。本案中，李某贵、黄某优在向银通公司存储上千吨棉籽壳过程中，理应认识到涉案货物对于工人体力、耐力、经验具有相当高的要求和考验以及对于操作上垛机等特殊机械需要有一定经验或相当资质的人员予以操作，其间亦曾抽查监督工人卸货，但对于安排的高度危险性任务放之任之、疏于管理，应当对此次事故承担赔偿责任；同时，周某旺系曾经从事装卸工作，明知自己缺乏操作上垛机的相应经验或资质，忽略了从事该项劳务的高度危险性，亦未主动采取必要的安全防护措施，增加了事故发生的概率，对本次事故的发生亦具有过错，依法应当减轻责任方的赔偿责任。人民法院酌定李某贵、黄某优对本次事故承担的责任比例为80%、周某旺对本次事故承担责任的比例为20%。

山东省夏津县人民法院依照《中华人民共和国民法总则》第一百六十二条、《中华人民共和国侵权责任法》第三十五条的规定，判决：

一、黄某优、李某贵自本判决生效之日起十日内共同赔偿周某旺医疗费等各项损失共计1133544.57元；

二、驳回周某旺向黄某东主张提供劳务者受害责任赔偿的诉讼请求。

黄某优、李某贵不服一审判决，提起上诉。

山东省德州市中级人民法院经审理认为：黄某优、李某贵在夏津从事棉籽壳的买卖业务是委托杨某春办理具体事务，双方并于2019年4月27日签订《委托书》，则杨某春在具体负责棉籽壳的运输、卸载工作中所施行为产生的后果当然及于黄某优、李某贵，且黄某优、李某贵并无证据证明杨某春招募周某旺等人卸载棉籽壳的行为超出了其对杨某春的授权范围。同时，周某旺如何卸载、码垛棉籽壳是受杨某春的指示安排，其仅提供劳务，对于如何干活本身并无自主选择权，故本案中黄某优、李某贵与周某旺之间应认定为劳务关系。又因黄某优与李某贵在银通公司仓库混放棉籽壳，周某旺是在23号仓库卸完货物向25号仓库移送上垛机过程中受伤，说明该卸载行为是一个连续过程，移送上垛机是卸载棉籽壳工作的需要和自然延伸，黄某优、李某贵并无证据证明已卸载的23号仓库棉籽壳和将要卸载的25号仓库棉籽壳均非属其所有，故一审法院认为黄某优和李某贵共同受益于周某旺的劳动成果，应对周某旺受伤造成的损失共同承担赔偿责任并无不当。

山东省德州市中级人民法院依照《中华人民共和国民事诉讼法》第一百七十条第一款第一项规定，判决：

驳回上诉，维持原判。

【法官后语】

从现实看，目前农村社会中存在大量雇佣闲散劳动力从事装卸、建筑、安装、焊接等个人劳务现象，且在从事个人劳务过程中其劳务关系相对松散，劳务安全保障制度尚不到位，安全保障设施较为匮乏，安全保障意识相对滞后，雇主在从事劳务过程中往往因疏于监督管理指导而导致大量提供劳务者受害责任纠纷涌现，其情节可悲可悯，如何利用好司法裁量权依法规范劳务市场尤为迫切。本案涉及委托、居间、劳务、人身损害四重法律关系，有以下三点值得总结：一是厘清委托合同和居间合同的区别。本案中，李某贵等联系杨某春、陈某反协调棉籽油厂准备存储棉籽壳，并口头约定相应代办费，构成居间合同，而后李某贵等口头委托杨某春联系工人卸载棉籽壳，构成委托合同。委托合同中的受托人在处理委托事务时，有权在委托权限范围内独立进行意思表示，而居间合同中的居间人在居间活动过程中，并不介入委托人与第三人的订约活动，即便是在介绍委托人与第三人订约时，居间人也只能是如实传达合同双方当事人的原有意思表示，不能独立表达自己的意思表示。二是正确厘清劳务合同相对方的前提是查明接受或受益劳务者。本案中，周某旺如何卸载、码垛棉籽壳是受杨某春的指示安排，其仅提供劳务，对于如何干活本身并无自主选择权，又因黄某优与李某贵在银通公司仓库混放棉籽壳，周某旺的卸载行为是一个连续过程，移送上垛机是卸载棉籽壳工作的需要和自然延伸，黄某优和李某贵共同受益于周某旺的劳动成果，又向其结清装卸费，应系接受劳务者。三是时刻倡导民法公平正义的价值导向。从事个人劳务过程中，雇主对于雇员在提供劳务资源、支付劳务报酬特别是落实安全保障等方面处于支配、主导地位，雇员处于从属、服从地位，为此，除因故意或重大过失之外，对雇员课以过重的过错责任既不利于规范民间个人劳务行为，亦有悖于民法公平原则，故应高举公平正义之剑依法保障弱势群体合法权益。

编写人：山东省德州市夏津县人民法院　孙延晓

7

应从内在属性认定交叉含混的雇佣关系

——徐某宝等诉李某生等提供劳务者受害责任案

【案件基本信息】

1. 裁判书字号

北京市第三中级人民法院（2019）京03民终10285号民事判决书

2. 案由：提供劳务者受害责任纠纷

3. 当事人

原告（被上诉人）：徐某宝、徐某、徐某莹、徐某鹏

被告（上诉人）：李某生

被告（被上诉人）：王某文

被告：李某

【基本案情】

李某生、李某系父子，李某生与王某文系连襟。王某文系个体工匠，工种为油工。2018 年，李某生家二层楼房主体建成后，李某生让王某文找人为其墙面、屋顶粉刷油漆和涂料。王某文即召集耿某华等工人一起到李某生家中刷墙。施工过程中，王某文自带脚手架等设备和工具，负责买材料，与耿某华等一起刷墙，各自单独开展油工作业。同时，王某文负责记账，将工钱、料钱分别记录，连王某文在内每人每天 220 元，料钱按照实际支出记录并附采购单据，王某文自带的设备工具不要钱。王某文将记账单报给李某后，李某把钱付给王某文，王某文再把工钱付给耿某华等。

2018 年 8 月 13 日 8 时许，耿某华在李某生家中进行二层墙面刷漆时，从高 1.7 米的脚手架上摔倒受伤，王某文等听到声响后马上赶到，耿某华已经失去意识。耿某华被送到医院抢救，经诊断其伤情为重度颅脑损伤、蛛网膜下腔出血等。耿某华在医院抢救 3 天后，于 8 月 15 日在家中因脑出血死亡。耿某华死后，其丈夫徐某宝、女儿徐某、徐某莹、儿子徐某鹏起诉要求李某生、李某、王某文连带赔偿医疗费、死亡赔偿金、丧葬费、精神损害抚慰金共计 1604159.57 元。

【案件焦点】

1. 谁与耿某华之间存在雇佣关系；2. 本案中的损失应由谁承担或分担。

【法院裁判要旨】

北京市平谷区人民法院经审理认为：依照《中华人民共和国侵权责任法》，个人之间形成劳务关系，提供劳务一方因劳务自己受到损害的，由双方根据各自的过错程度承担相应的责任。本案的争议焦点在于雇佣关系的认定。虽然出于亲戚关系，从购买材料、联系工人、准备设备工具、组织施工均由王某文负责，但双方并

未约定由王某文承揽李某生家房屋的油工工程。王某文在向李某生、李某报账时，购买材料实报实销，其本人与耿某华等人一样同工同酬，没有额外利益，其向耿某华等人发放工资，只是代李某生发放，因此王某文与李某生、李某之间并不形成承揽关系。耿某华为李某生提供刷墙劳务，李某生向耿某华等人支付劳动报酬，李某生与耿某华等人形成了雇佣关系。耿某华在提供劳务的过程中受伤导致死亡，李某生作为雇主，应当对耿某华死亡导致的损害承担赔偿责任。

耿某华作为一个成年人，具有完全民事行为能力，应当对自己的身体和精神状况有所判断，并对自身行为负责。耿某华对自身安全疏于注意而摔倒，且进行高空作业未采取防卫措施，自身具有一定过错，应自负部分责任。

北京市平谷区人民法院依照《中华人民共和国侵权责任法》第三十五条、《最高人民法院关于审理人身损害赔偿案件适用法律若干问题的解释》第十一条等规定，判决：

一、李某生赔偿徐某宝、徐某、徐某莹、徐某鹏医疗费、死亡赔偿金（含被扶养人生活费）、丧葬费、精神损害抚慰金共计515335元；

二、驳回徐某宝、徐某、徐某莹、徐某鹏的其他诉讼请求。

李某生不服一审判决，提起上诉。

北京市第三中级人民法院经审理同意一审法院裁判意见，依照《中华人民共和国民事诉讼法》第一百七十条第一款第一项规定，判决：

驳回上诉，维持原判。

【法官后语】

农村建房施工的实际履行情况体现出的法律关系特征往往是交叉含混、模糊不清的。在这种情况下，不能简单地从雇佣关系的某个法律特点来认定，而应把握法律关系的内在属性，认清隐藏在背后当事人之间的利益关系，运用经验和逻辑，对雇佣关系做出准确的判断。下面结合本案，分析怎样准确认定雇佣关系，合理分配各方责任。

一、如何正确认定本案的雇佣关系

本案各方均未签订书面合同，对雇佣关系也没有明确的口头约定。从实际履行情况来看，耿某华为李某生家粉刷墙面，李某生支付耿某华等的工资，李某生具有雇主的特点。而同时，耿某华与李某生并不认识，是王某文找耿某华来刷墙，每天工钱220元是王某文确定的，王某文召集安排耿某华等刷墙，自带设备工具并购买材料，王某文实际将工资发放给耿某华，似乎王某文更像耿某华的雇主。

本案的雇佣关系模糊不清，难以从直观的外在特点上做出判断，需要把握雇佣关系的内在属性才能做出准确判断，即要考察耿某华实际在为谁工作，由谁支付工资。要弄清这个问题，关键在于要确认李某生与王某文之间是否存在承揽合同法律关系，而判断的核心要素在于王某文是否享有包工的利益。

从双方订约的初衷来看，李某生与王某文是亲戚，关系较好，李某生找懂行的自家人施工比较放心；王某文应李某生要求，很快组织工友给李某生家施工，系出于亲戚之情而非赚取包工利润。从实际履行来看，王某文负责购买材料，但材料费用实报实销，没有提成；王某文提供脚手架等设备工具给李某生无偿使用；李某生将全部工资交给王某文，王某文只是如数代发；王某文按市场行情，与耿某华等拿同样的工资，没有其他收益。显然王某文不是包工头，其与李某生之间不存在承揽关系，而是雇佣关系。

另外，从公平的角度考察，虽然王某文购买材料、组织施工、提供设备、代发工资等行为具备雇佣关系中雇主的特点，但他并不因耿某华等提供劳务取得任何利益，如果认定王某文为耿某华的雇主，让王某文承担损害赔偿责任，不符合权利义务相一致的基本原则，是不公平的。

耿某华为李某生提供劳务，李某生向耿某华支付劳动报酬，李某生与耿某华之间存在雇佣关系。

二、如何看待王某文身上体现的“包工头特征”

王某文为李某生进行油工作业，李某生支付王某文工资，双方存在雇佣关系。同时，由于双方的亲属关系以及王某文经验丰富，李某生把家里的油工活交给王某文负责，是一种委托行为，即王某文受李某生委托，为李某生联系油工、购买材料、组织施工及代发工资，均是在履行受托职责。

王某文将自己的脚手架无偿提供给李某生使用，是为了给李某生减少开支，为李某生提供的无偿帮助，是一种好意施惠行为。

本案中，李某生与王某文之间，既有雇佣关系，也有委托关系，还有好意施惠行为。

编写人：北京市平谷区人民法院　李晓明

8

“上下班途中受伤”的雇主责任认定

——高某慧诉兰光机电公司提供劳务者受害责任案

【案件基本信息】

1. 裁判书字号

北京市第一中级人民法院（2019）京01民终5598号民事判决书

2. 案由：提供劳务者受害责任纠纷

3. 当事人

原告（上诉人，再审申请人）：高某慧

被告（上诉人，再审被申请人）：兰光机电公司

【基本案情】

高某慧受雇于兰光机电公司，双方签订了《聘用协议》，聘用期限自2016年3月17日至2017年3月16日。高某慧自述于2016年12月31日下班时，在兰光机电公司门口摔倒。2017年1月1日，高某慧到医院就诊，病历显示“右膝摔伤，膝内侧肿、疼、压痛”。2017年1月9日至2017年1月16日，高某慧住院治疗，出院诊断“右膝骨关节病、右膝内侧半月板损伤、高血压病”。经高某慧申请，北京市海淀区人民法院依法委托鉴定中心对高某慧伤残程度进行鉴定。该机构于2017年12月19日出具《司法鉴定意见书》，认为高某慧右膝半月板损伤后遗留右膝关节功能部分丧失属十级伤残。高某慧支付鉴定费2250元。兰光机电公司认可高某慧于2016年12月31日在单位加班，下班时间为当天下午4点33分，但对于高某慧所述摔伤时间及地点不予认可。经询问，兰光机电公司称高某慧所述摔伤地点未安装摄像头。对于高某慧摔伤后没有立即就医而是第二天才去医院，高某慧解释称因2016年一直未使用医保卡，不想在全年最后一天使用，因此才于第二天去医院就诊。高某慧申请证人李某某出庭作证，李某某称其与高某慧系朋友关系，2016年

12月31日得知高某慧摔倒，遂开车与高某慧丈夫一起将高某慧接回家，当时看到高某慧坐在距单位小门几十米处的石头上。兰光机电公司对证人证言不予认可，亦未就高某慧主张提交相应反证。

因双方对高某慧摔伤后的损失赔偿问题协商不成，高某慧遂起诉至法院。

【案件焦点】

1. 高某慧所受伤是否为下班途中摔伤；2. 兰光机电公司是否应对高某慧的受伤后果承担赔偿责任。

【法院裁判要旨】

北京市海淀区人民法院经审理认为：公民的生命权、健康权、身体权受法律保护。雇员在从事雇佣活动中遭受人身损害，雇主应当承担赔偿责任。本案中，高某慧与兰光机电公司签订聘用协议，兰光机电公司为其发放劳务费，双方形成劳务合同关系。

关于高某慧是否在下班途中摔伤，根据司法解释规定，对负有举证证明责任的当事人提供的证据，人民法院经审查并结合相关事实，确信待证事实的存在具有高度可能性的，应当认定该事实存在。本案中，高某慧主张其在下班出单位门口时摔伤，并提供了门诊病历等就医材料、以及证人证言等证据予以证明，对待证事实已经完成初步举证责任。兰光机电公司虽对高某慧主张的基本事实提出异议，但是未提供充分证据予以证明，故法院对高某慧上述摔伤事实予以确认。

关于高某慧在下班途中是否属于从事雇佣活动以及双方对其所受伤害的责任承担问题。根据《最高人民法院关于审理人身损害赔偿案件适用法律若干问题的解释》第九条的规定，“从事雇佣活动”是指从事雇主授权或者指示范围内的生产经营活动或者其他劳务活动。雇员的行为超出授权范围，但其表现形式是履行职务或者与履行职务有内在联系的，应当认定为“从事雇佣活动”。本案中，兰光机电公司认可2016年12月31日当天高某慧在单位加班，现高某慧在下班出单位门口时摔伤，加班结束走出单位门口的活动与履行单位职务有内在的联系，且与履行工作职责相关，故应属于从事雇佣活动的行为。高某慧作为兰光机电公司的雇员，在从事雇佣活动中遭受人身损害，雇主应承担赔偿责任。被侵权人对损害的发生也有过错的，可以减轻侵权人的责任。高某慧自认其是下班后极度疲劳，两腿打软，因此在单位门口摔伤。高某慧作为年纪稍长的成年人，对自己的体能状况及精神状态应该有一定的认知，尤其在身体疲惫的情况下应当采取合理的措施防患风险的发生，其未能尽到足够的注意义务最终导致了摔伤的结果，亦对事故的发生负有一定过错，应承担一定责任。法院根据上述各方过错责任程度，确定兰光机电公司对高某慧此次摔伤造成的合理损失承担60%的赔偿责任，高某慧自行承担40%的合理损失。

现高某慧主张的医疗费、护理费、住院伙食补助费、交通费、残疾赔偿金、精神损害抚慰金中的合理部分，理由正当，应予支持。高某慧主张的护理费，标准过高，法院酌定按照护理期30天，护理费标准为每天150元计算。就高某慧主张的误工费，考虑到高某慧因受伤无法继续工作的实际情况，法院酌情判定误工期3个月，按照高某慧受雇期间月工资标准计算。经法院核实，高某慧的各项损失为：医疗费7675元、住院伙食补助费1500元、护理费4500元、交通费1000元、误工费7500元、残疾赔偿金114550元、精神损害抚慰金5000元，以上共计141725元。

北京市海淀区人民法院依照《中华人民共和国侵权责任法》第六条、第十六条、第二十二条、第二十六条，《最高人民法院关于审理人身损害赔偿案件适用法律若干问题的解释》第十一条、第十七条之规定，判决：

一、兰光机电公司于本判决生效后十日内赔偿高某慧医疗费、住院伙食补助费、护理费、误工费、交通费、残疾赔偿金、精神损害抚慰金共计85035元；

二、驳回高某慧的其他诉讼请求。

高某慧、兰光机电公司不服一审判决，提起上诉。

北京市第一中级人民法院经审理认为：双方当事人对同一事实分别举出相反的证据，但都没有足够的依据否定对方证据的，人民法院应当结合案件情况，判断一方提供证据的证明力是否明显大于另一方提供证据的证明力，并对证明力较大的证据予以确认。高某慧主张其在下班途中摔伤，并提供了门诊病历等就医材料、以及证人证言等证据予以证明，兰光机电公司对此予以否认但并未提供充分证据对其反驳主张佐证。就双方争议的事实而言，高某慧提交的证据材料较为完整，能够形成证据链，双方证据相比较，高某慧的证据存在证据优势，故一审法院依据查明事实及双方举证情况，认定高某慧系在下班途中摔伤并无不当，法院予以维持。

本案系提供劳务者受害责任纠纷，依据《中华人民共和国侵权责任法》第三十五条规定，个人之间形成劳务关系，提供劳务一方因劳务造成他人损害的，由接受劳务一方承担侵权责任。提供劳务一方因劳务自己受到损害的，根据双方各自的过错承担相应的责任。据此，雇主责任必须满足雇员“因劳务”致他人或自己受损害，即雇主仅对提供劳务一方的职务行为造成的损害承担责任，《最高人民法院关于审理人身损害赔偿案件适用法律若干问题的解释》第九条第二款规定，“从事雇佣活动”是指从事雇主授权或者指示范围内的生产经营活动或者其他劳务活动。雇员的行为超出授权范围，但其表现形式是履行职务或者与履行职务有内在联系的，应当认定为“从事雇佣活动”。上述法律以及司法解释的规定对从事雇佣活动的判断，一方面主观上要求雇员的行为以雇主授权或指示为基础，并在其范围内从事劳动行为，雇员主观为雇主利益而工作；另一方面客观要求即使行为超出授权范围，但其表现形式是履行职务或与履行职务有内在联系的，应作为“执行职务”看待。本案中，高某慧系在下班途中摔伤，此时其雇佣活动已经完成，主观上并无兰光机电公司授权或指示，兰光机电公司对其下班后的行为亦无控制权力或受有利益；而客观上，高某慧下班回家的行为形式亦无法与其从事提供劳务行为存有内在联系，故其下班后摔伤的情形无法认定为系因劳务行为导致自己受到损害。一审法院认定高某慧下班途中摔伤属于从事雇佣活动的行为，属于适用法律错误，法院依法予以纠正。高某慧以下班途中也是从事雇佣活动中为由要求兰光机电公司赔偿各项经济损失，缺乏事实及法律依据，法院不予支持。综上所述，兰光机电公司的上诉理由成立，法院予以支持。

北京市第一中级人民法院依据《中华人民共和国侵权责任法》第三十五条，《最高人民法院关于审理人身损害赔偿案件适用法律若干问题的解释》第九条第二款，《中华人民共和国民事诉讼法》第一百七十条第一款第二项之规定，判决：

一、撤销北京市海淀区人民法院（2017）京0108民初39454号民事判决；

二、驳回高某慧的全部诉讼请求。

高某慧不服二审判决，申请再审。

北京市高级人民法院经审查，认为二审认定事实清楚，适用法律正确，改判结果正当，故裁定驳回了高某慧的再审申请。

【法官后语】

本案是关于雇员在下班途中受伤雇主应否承担赔偿责任的一起典型案例。关于高某慧受伤的原因，一、二审法院认定一致，即根据举证情况及证明力大小，采信高某慧的主张，认定其系在下班途中摔伤。本案的分歧点在于，高某慧下班途中摔伤是否属于“从事雇佣活动中遭受人身损害”，雇主应否承担赔偿责任。对此，一、二审法院作出了不同的认定。一审法院认为系从事雇佣活动受伤，雇主应该担责，二审法院则给出了完全相反的结论。可见，对于雇员“下班途中受伤”的性质认定以及雇主赔偿责任的承担问题，审判实践中认识不一，需要进一步予以明确。因雇员上班与下班途中受伤雇主责任承担所面临的法律问题一致，故本文对于上下班途中受伤的雇主责任一并探讨。

一、“上下班途中受伤”的性质认定

（一）职员或雇员在上下班途中受伤，一般不认定为因工受伤

《工伤保险条例》第十四条规定，职工有下列情形之一的，应当认定为工伤：(1) 在工作时间和工作场所内，因工作原因受到事故伤害的；(2) 工作时间前后在工作场所内，从事与工作有关的预备性或者收尾性工作受到事故伤害的；(3) 在工作时间和工作场所内，因履行工作职责受到暴力等意外伤害的；(4) 患职业病的；(5) 因工外出期间，由于工作原因受到伤害或者发生事故下落不明的。从上述规定可以看出，职员在工伤时间和工作场所内，因工作原因受到伤害，是认定因工受伤的主要标志。同理，雇员在工作时间和工作场所内，因工作原因受到伤害的，亦应认定为“因劳务受到伤害”。

但是，对于职员在“上下班途中”受伤，即在合理时间内往返于工作地与居住地的合理路线中受到伤害，是否属于因工受伤。对于与用人单位建立了劳动关系的职员而言，根据《工伤保险条例》的规定，除遭受交通事故伤害外，均不应认定为工伤。对于与雇主建立了劳务关系的雇员而言，是否系因工受伤，即“因劳务受伤”，需要准确界定“因劳务”即“从事雇佣活动”的范围。《中华人民共和国民法典》第一千一百九十一条第二款规定，劳务派遣期间，被派遣的工作人员因执行工作任务造成他人损害的，由接受劳务派遣的用工单位承担侵权责任；劳务派遣单位有过错的，承担相应的责任。因此，从事雇佣活动的范围应该是“执行工作任务”，而雇员上下班是其执行工作任务开始前和结束后的个人活动，并非执行工作

任务，所以，雇员在上下班途中受伤，不能认定为“因劳务受伤”，要根据伤害行为的具体情节，认定系个人受伤行为、他人侵权行为或者意外伤害行为。

（二）职员在上下班途中受伤应认定为工伤的例外

同上所述，职员在上下班途中受伤，一般不认定为工伤。但是，对于与单位建立了劳动关系的职员，根据《工伤保险条例》第十四条规定，职工在上下班途中，受到非本人主要责任的交通事故或者城市轨道交通、客运轮渡、火车事故伤害的，应当认定为工伤，可以认定为工伤。即上下班途中受伤认定为工伤必须满足以下条件：一是双方建立了劳动关系即劳动者和用人单位的关系；二是因交通事故或者城市轨道交通、客运轮渡、火车事故伤害；三是在合理时间和合理路线，即在上下班时间往返于工作地与住所地、经常居住地、单位宿舍、配偶、父母、子女居住地、从事属于日常工作生活所需要的活动及其他合理路线的上下班途中；四是法律或者行政法规有明确的规定。而雇主和雇员之间建立的是劳务关系，即使上下班途中发生非本人主要责任的交通事故或者城市轨道交通、客运轮渡、火车事故伤害的，亦不能认定为因工受伤。

二、雇主承担赔偿责任的构成要件

《中华人民共和国民法典》第一千一百九十二条第一款规定：“个人之间形成劳务关系，提供劳务一方因劳务造成他人损害的，由接受劳务一方承担侵权责任。接受劳务一方承担侵权责任后，可以向有故意或者重大过失的提供劳务一方追偿。提供劳务一方因劳务受到损害的，根据双方各自的过错承担相应的责任。”据此，雇主对雇员在执行职务中造成自身伤亡时承担责任必须满足以下条件：(1) 伤者必须为雇员，即双方建立了劳务关系；(2) 必须是执行职务中，系“因劳务”受损害，即雇主仅对提供劳务一方的职务行为造成的损害承担责任；(3) 雇主需没有免责事由，即不存在不可抗力情形；(4) 雇员存在过错的，亦应承担相应的责任。

综上，高某慧与兰光机电公司建立的是劳务关系，其在下班途中自己不慎摔伤，此时雇佣活动已经完成，其下班回家的行为并无兰光机电公司授权或指示，亦与其从事的劳务行为不存有内在联系，故无法认定系因劳务行为或从事雇佣活动致其受到损害，不符合雇主应对雇员承担赔偿责任的构成要件。高某慧的再审申请缺乏充分的事实和法律依据，应当予以驳回。

编写人：北京市高级人民法院　姜春玲

9

劳务关系中关于雇佣劳动时间延伸的认定

——王某清诉山釜餐厅提供劳务者受害责任案

【案件基本信息】

1. 裁判书字号

北京市第二中级人民法院（2019）京02民终3434号民事判决书

2. 案由：提供劳务者受害责任纠纷

3. 当事人

原告（上诉人）：王某清

被告（被上诉人）：山釜餐厅

【基本案情】

山釜餐厅位于西海湿地公园内。该餐厅分为两层，两层之间无法直接通行，山釜餐厅员工需借助公园的公共楼梯通行。王某清于2016年12月1日与山釜餐厅签订劳动合同，岗位为洗碗工，双方成立劳务雇佣关系。王某清之夫李某赋亦在山釜餐厅处工作。

关于王某清受伤情况，其本人述称其于2017年11月16日晚11时40分打了下班卡后，因餐厅还有碗没有清洗，便又继续洗碗。洗完碗后换好衣服准备离开二层餐厅，后在下楼梯的过程中不慎踩空摔伤。

根据王某清急诊病历显示，其在北京积水潭医院的就医时间为：2017年11月17日0时53分。病历现病史部分显示受伤时间为：2017年11月17日0时30分，受伤原因为：下楼梯时摔倒。王某清伤情经初步诊断为：右股骨颈骨折。后王某清于2017年11月17日3时45分开始在北京积水潭医院住院治疗。

2018年8月8日，北京博大司法鉴定所出具鉴定意见书，认定王某清伤残等级分别构成了人体损伤致残程度十级伤残；职工工伤九级伤残。2018年12月14日，北京通达首诚司法鉴定所出具鉴定意见书，建议王某清误工期为300～330日、护理期为120～150日、营养期为120～150日。

【案件焦点】

王某清是否系在从事雇佣活动中受伤及本案的法律适用问题。

【法院裁判要旨】

北京市西城区人民法院经审理认为：雇员在从事雇佣活动中遭受人身损害，雇主应当承担赔偿责任。提供劳务一方因劳务自己受到损害的，根据双方各自的过错承担相应的责任。本案中，王某清证人系其亲属，与王某清存在利害关系，且证人陈述内容存在矛盾之处；山釜餐厅证人为其员工，与山釜餐厅亦存在利害关系，故双方提交的证人证言均无法单独作为认定事实的依据。针对双方就本次事故发生时间、事发楼梯属性、山釜餐厅应否承担责任的争议焦点，法院分别认定如下：急诊病历所记载的受伤时间为王某清就医时自述内容，故法院确认王某清受伤时间应为2017年11月17日0时30分。王某清摔伤的楼梯虽为公园道路，但山釜餐厅员工在工作时需借助该楼梯通行，故法院认为该楼梯对山釜餐厅而言，应作为其员工工作场所的一部分。王某清在庭审中已自述其在完成洗碗工作后换衣服离开二层餐厅，后在下楼梯的过程中不慎踩空摔伤，法院对王某清自述的情况予以认可。王某清在工作场所因自身原因摔伤，山釜餐厅对此并无过错，且王某清现有证据不足以充分证明其摔伤时仍处于工作过程，故王某清要求山釜餐厅承担赔偿责任，于法无据，法院不予支持。

北京市西城区人民法院依据《中华人民共和国侵权责任法》第三十五条，《最高人民法院关于审理人身损害赔偿案件适用法律若干问题的解释》第十一条第一款，《中华人民共和国民事诉讼法》第六十四条第一款、第六十五条第一款之规定，判决：

驳回王某清的全部诉讼请求。

王某清不服一审判决，提起上诉。

北京市第二中级人民法院经审理认为：关于本案中王某清是否属于在从事雇佣活动时受伤的问题，根据《最高人民法院关于审理人身损害赔偿案件适用法律若干问题的解释》相关规定，“从事雇佣活动”是指从事雇主授权或者指示范围内的生产经营活动或者其他劳务活动。雇员的行为超出授权范围，但其表现形式是履行职务或者与履行职务有内在联系的，应当认定为“从事雇佣活动”。根据本案查明的事实，王某清摔伤的地点为山釜餐厅员工通行的楼梯，是工作场所。王某清的工作是洗碗工，事发时虽然已经晚于王某清打卡时间，但在顾客离场不久的情况下，王某清尚未离开工作场所，继续洗碗、换衣服均属收尾工作，其上下楼梯打卡也是收尾工作的必经阶段，这段时间应当视为是其工作时间的自然延伸。故王某清受伤的时间、地点均与其履行职务有内在联系，应当认定其在从事雇佣活动中受伤。一审法院认定事实有误，二审法院对此予以更正。

关于本案的法律适用问题，山釜餐厅称应当适用《中华人民共和国侵权责任法》第三十五条之规定，按照双方各自的过错承担相应的责任。但本案中山釜餐厅是以用人单位的形式接受王某清的劳动，并非个人之间形成劳务关系的情形，不应适用上述条款，而应当按照《最高人民法院关于审理人身损害赔偿案件适用法律若干问题的解释》第十一条第一款之规定，由雇主承担赔偿责任。

关于王某清受伤的损失数额问题，法院在此基础上确定如下：

关于王某清主张的医疗费一节，法院认定医疗费为27328.54元。

关于住院伙食补助费，王某清受伤后实际住院8天，现其按每天100元的标准主张该费用，数额合理，法院予以支持。

关于营养费一节，根据鉴定报告的意见，法院认定为150天。现王某清主张营养费每天按100元计算，数额过高，法院酌情确定为每日50元。

关于护理费一节，法院结合鉴定报告认定护理期为150天。根据王某清提交的票据，法院酌定护理费为18450元。

残疾赔偿金部分，王某清的经常居住地和主要收入来源地均为城市，有关残疾赔偿金应当按照北京市城镇标准计算。

关于王某清主张的残疾辅助器具费，根据其在一审中提交的收据和发票，该费用均为合理支出，法院对其主张予以支持。

关于精神抚慰金一节，法院酌定数额为5000元。

关于误工费，按照王某清的平均工资及误工期，法院酌定为24729.51元，

鉴定费5550元，应当由山釜餐厅支付。

北京市第二中级人民法院依照《中华人民共和国侵权责任法》第七条、《最高

人民法院关于审理人身损害赔偿案件适用法律若干问题的解释》第十一条、《中华人民共和国民事诉讼法》第一百七十条第一款第二项之规定，判决：

一、撤销北京市西城区人民法院（2018）京0102民初45322号民事判决；

二、山釜餐厅于本判决生效之日起十日内赔偿王某清医疗费27328.54元，营养费7500元，护理费18450元，住院伙食补助费800元，残疾赔偿金124812元，残疾辅助器具费349元，误工费24729.51元，精神损害抚慰金5000元，合计208969.05元；

三、驳回王某清的其他诉讼请求。

【法官后语】

是否从事雇佣活动应根据《中华人民共和国民法典》相关规定进行认定。“从事雇佣活动”是指从事雇主授权或者指示范围内的生产经营活动或者其他劳务活动。雇员的行为超出授权范围，但其表现形式是履行职务或者与履行职务有内在联系的，应当认定为“从事雇佣活动”。雇主对雇员从事该行为是否有授权或指示，授权或指示可以是明示的，如单位的规章制度、工作内容等。授权或指示若是默示时，一般要考虑到雇员在从事该项工作时是否基于合理的理由以及可以预见到雇主在此情形下将会做出相应的指示或者指示雇员做出相同的行为。如若雇员的行为超出了授权范围，但行为与履行职务有一定的内在关联，也可认定为职务行为。

在提供劳务者受害纠纷的案件中，从事雇佣活动可根据时空标准和目的标准综合进行判断。关于时空标准，主要考虑雇员在受到伤害时所处的工作场所和工作时间。关于目的标准，主要对雇员是否为雇主的利益而从事雇佣活动或者便于履行职务进行考量。在进行具体判断时，关于工作时间的认定也应结合工作场所、受伤前的行为等进行判断，不能严格将规定的下班时间或雇员打卡时间作为从事雇佣活动的界限，更不应仅以工作场所、工作时间或是否为雇主的利益等其中一种因素认定是否从事雇佣活动。

具体到本案来看，王某清摔伤的地点是山釜餐厅，其在打卡后并未离开工作场所，而是回到二层餐厅更换工作服装，随后王某清在下楼时摔伤。王某清工作期间穿工作制服系按照雇主的指示或要求，其工作目的亦是为雇主的利益，因此不能简单认为其在打完卡后即处于下班时间而非工作时间，从而认定其并未从事雇佣活动。本案中，从王某清的整个工作流程来看，其继续洗碗、打卡、更换衣服均属于工作的收尾部分，该段时间应视为工作时间的自然延伸，其受伤的时间、地点均与其履行职务有内在联系，因此应当认定其在从事雇佣活动中受伤。

劳务关系中雇员在上下班期间受到伤害是否应认定为从事雇佣活动中受伤，对此目前司法实践中有不同的观点。第一种观点认为应严格按照“从事雇佣活动”的定义和内涵对于雇员上下班期间是否从事雇佣活动进行判断。对于上下班期间未从事雇主授权或者指示范围的活动，不应认定为从事雇佣活动。第二种观点认为，参照《工伤保险条例》第十四条第六项关于工伤的规定，认定雇员上下班期间属于从事雇佣活动，雇员在此期间受伤应由雇主承担赔偿责任。对上述两种观点，笔者同意第一种观点。我国《工伤保险条例》规定，上下班途中受到非本人主要责任的交通事故或者城市轨道交通、客运轮渡、火车事故的伤害可以认定为工伤，这属于对职务行为的认定。而在判断雇主责任中，不能直接适用上述规定。首先，上述规定系以保险事先赔付为前提，实际上是属于社会保险体系，不是侵权责任法的范畴。其次，应严格区分劳动关系和劳务关系。在劳动关系中，因工受伤属于工伤事故责任，其性质按照《中华人民共和国劳动法》和工伤保险法规进行调整，赔偿请求权是工伤保险待遇请求权。在劳务关系中，雇员受伤时雇主责任的承担属于侵权法律关系，赔偿请求权的基础是损害赔偿请求权。最后，用人单位的赔付能力较强，但是雇主的赔偿能力有限，如果在劳务关系中完全适用《工伤保险条例》的规定，将会损害雇主的权利。该条例是为了更好地补偿雇员，基于社会保险的目的，而不是要适用于雇主责任的侵权领域。

综上，在法律及司法解释没有对“从事雇佣活动”范围进行扩大解释的情况下，法院应恪守司法的谦抑性，严格按照法律及司法解释的规定进行裁判，不应随意扩大解释。

编写人：北京市第二中级人民法院　李靖元　屠育

10

二次就业时依法享有养老保险待遇的按劳务关系处理用工争议

——黄某义诉妇产医院提供劳务者受害责任案

【案件基本信息】

1. 裁判书字号

湖南省澧县人民法院（2019）湘0723民初2080号民事判决书

2. 案由：提供劳务者受害责任纠纷

3. 当事人

原告：黄某义

被告：妇产医院

【基本案情】

黄某义原系码头铺镇粮管站工作人员，于1998年下岗。2010年9月1日，黄某义与妇产医院签订了《厨师聘用合同》，约定由妇产医院免费提供工作餐和宿舍，合同期自2010年9月1日至2012年9月1日。双方履行上述合同期限届满后未续签合同，但黄某义仍继续在妇产医院从事厨师工作，2013年4月20日黄某义年满60周岁并开始依法享受基本养老保险待遇。2019年4月30日中午，黄某义下班骑自行车返回租住的宿舍时，因县城街道道路改造施工期间不适合骑车通行而摔倒受伤。经澧县洞市乡医院检查，诊断为“右腓骨远端骨折”，治疗花费医疗费3348元。经常德市澧州司法鉴定所鉴定，认定误工100日、护理60日、营养60日。诉讼中，经常德市司法鉴定中心鉴定，黄某义右腓骨远端骨折的伤情不构成伤残。

黄某义因本次受伤造成的损失，法院根据其具体诉求和相关规定审查核定如下：1. 医药费：经双方当庭认可核定3348元；2. 营养费：根据鉴定确定的营养期

60日，核定为3000元；3. 护理费：根据鉴定护理期60日，核定为4800元；4. 误工费：根据鉴定误工期100日，参照2018年度湖南省住宿和餐饮业职工年平均工资43412元核定为11893元；5. 鉴定费：根据澧县中医医院法医门诊收费票据、常德市司法鉴定中心发票和双方当庭认可重新鉴定时黄某义支付了76元照片费的事实，核定为2211元。各项损失合计25252元，其中妇产医院已经支付鉴定费2000元。

【案件焦点】

1. 黄某义在下班途中受伤妇产医院是否有过错，是否应当承担赔偿责任；2. 黄某义受伤到底是受什么伤，是否致残，有多大损失；3. 黄某义主张的15000元误工工资是否是本案提供劳务者受害的赔偿范围，是否需要仲裁前置。

【法院裁判要旨】

湖南省澧县人民法院经审理认为：黄某义超过法定退休年龄并开始依法享受基本养老保险待遇后，仍继续在妇产医院从事厨师工作，依照《中华人民共和国劳动合同法》第四十四条第二项规定，双方劳动合同关系终止。依照《最高人民法院关于审理劳动争议案件适用法律若干问题的解释（三）》第七条规定，用人单位与其招用的已经依法享受养老保险待遇或领取退休金的人员发生用工争议，向人民法院提起诉讼的，人民法院应当按劳务关系处理。妇产医院是接受劳务一方，是雇主；黄某义是提供劳务一方，是雇员。根据《最高人民法院关于审理人身损害赔偿案件适用法律若干问题的解释》第十一条第一款规定，雇员在从事雇佣活动中遭受人身损害，雇主应当承担赔偿责任；《中华人民共和国侵权责任法》第三十五条规定，“提供劳务一方因劳务自己受到损害的，根据双方各自的过错承担相应的责任”；黄某义下班骑自行车回宿舍途中摔伤，应视为其从事雇佣活动的合理延续，妇产医院作为雇主应承担主要的民事责任；黄某义作为具有完全民事行为能力的个人，应当知道道路施工期间不适合骑车通行，未尽到相应的注意义务，导致自己受伤，存在一定过错，应承担次要的民事责任。法院酌定妇产医院对黄某义摔伤造成的损失承担60%的赔偿责任，黄某义自行负担40%的责任。

湖南省澧县人民法院依照《中华人民共和国劳动合同法》第四十四条第二项，《中华人民共和国侵权责任法》第十六条、第三十五条，《最高人民法院关于审理劳动争议案件适用法律若干问题的解释（三）》第七条，《最高人民法院关于审理人身损害赔偿案件适用法律若干问题的解释》第二条、第九条第二款、第十一条、第十七条第一款、第十九条、第二十条、第二十一条、第二十四条规定，判决：

一、黄某义因本案所造成的损失 25252 元，由妇产医院赔偿 15151 元，黄某义自行承担 10101 元；

二、妇产医院抵除已经支付的鉴定费 2000 元后还应当赔偿 13151 元，限妇产医院于本判决生效后十日内履行完毕；

三、驳回黄某义的其他诉讼请求。

【法官后语】

近年来，伴随着人民生活水平的提高以及人口的老龄化趋势，离退休人员及超过法定退休年龄的劳动者二次就业的情形越来越普遍，这种现象在农村地区更为常见。但是，根据《中华人民共和国劳动合同法实施条例》第二十一条的规定，“劳动者达到法定退休年龄的，劳动合同终止”，由此，在劳务者因工作受伤时便很难享受到工伤保险待遇。超龄的劳动者本就属于弱势群体，有些正是因为生活不宽裕而选择在退休后继续工作，若是受伤后让其自行负担损失明显违背了保护弱势群体的原则，将保护劳动者的义务全部加给企业承担，也无疑加重了企业的负担，使得其在某种程度上不愿意去招用六十岁以上的劳动者。本案从实际出发，将黄某义下班骑自行车回宿舍途中视为其从事雇佣活动的合理延续，根据双方过错，酌定妇产医院对黄某义摔伤造成的损失承担60%的赔偿责任，黄某义自行负担40%的责任，既较好地保护了弱势群体的利益，又体现了社会公平与正义。

编写人：湖南省澧县人民法院　杨茜雯

11

法定代表人拒不出庭提供证据，依法承担不利后果

——郭某德诉杨某银、烽火公司提供劳务者受害责任案

【案件基本信息】

1. 裁判书字号

湖北省荆州市中级人民法院（2019）鄂10民终1552号民事判决书

2. 案由：提供劳务者受害责任纠纷

3. 当事人

原告（被上诉人）：郭某德

被告（上诉人）：杨某银

被告（被上诉人）：烽火公司

【基本案情】

2017年8月20日上午，郭某德接到杨某银电话，安排其到烽火公司院内修建食堂的工地上参与施工，主要是协助挖掘机清理工地上的杂物。郭某德在施工现场移动钢柱时，由于用力过猛，钢柱一头撞击腹部，致郭某德腹腔受伤。郭某德后由杨某银驾驶三轮摩托送往皇屯村卫生室治疗、观音垱镇卫生院治疗，后郭某德分别在荆州市第一人民医院、观音垱镇卫生院住院治疗11天，花费医疗费共计22333.38元。郭某德经荆州楚信盛元司法鉴定中心鉴定，鉴定意见为：郭某德伤残程度为十级，误工期90日，护理期60日，营养期120日。

【案件焦点】

郭某德的雇主是杨某银还是烽火公司。

【法院裁判要旨】

湖北省荆州市沙市区人民经审理法院认为：事故发生前郭某德已跟随杨某银工

作，事故发生当天杨某银电话通知郭某德到烽火公司工地工作，工资按天计算由杨某银支付，劳动工具、工作午餐由杨某银提供，而郭某德未与烽火公司人员接触，可以认定郭某德受杨某银雇佣而非受烽火公司雇佣，故杨某银作为雇主应承担雇工郭某德受伤的相应损失。郭某德在施工时未尽到谨慎安全注意义务，对事故的发生其自身也有一定的过错，法院根据其过错程度，确定由杨某银承担70%的赔偿责任，郭某德自担30%的责任。郭某德未提交证据证明杨某银与烽火公司之间的关系，故其要求烽火公司承担连带责任的诉请法院不予支持。郭某德诉请按照年收入40000元标准计算误工费，但除村委会证明外无其他证据证明其收入情况，郭某德提交的村委会证明不足以证明其工作及收入情况，故法院按照农、林、牧、渔业收入计算其误工费。

本案应计算郭某德的损失为：医药费22333.38元、残疾赔偿金25450元、护理费5371.56元、误工费5171.84元、住院伙食补助费550元、精神抚慰金2000元、营养费3600元、鉴定费1500元、交通费500元，以上共计66476.78元。根据本案责任比例，由杨某银承担46533.75元，郭某德自担19943.03元。

湖北省荆州市沙市区人民法院依据《中华人民共和国侵权责任法》第三十五条，《最高人民法院关于审理人身损害赔偿案件适用法律若干问题的解释》第十九条、第二十条、第二十一条、第二十二条、第二十三条、第二十五条、第三十五条之规定，判决：

一、杨某银于判决生效之日起十日内赔偿郭某德损失46533.75元；

二、驳回郭某德的其他诉讼请求。

杨某银不服一审判决，提起上诉。

湖北省荆州市中级人民法院经审理认为：烽火公司与鸿祥公司系关联公司，烽火公司的厂房是向鸿祥公司租赁的，出事工程位于鸿祥公司的鸿祥工业园内，对出事工程的具体情况烽火公司可以说明；杨某银开庭陈述，郭某德在李某海的直接指挥下工作，而郭某德不认识李某海，但能辨别工地上一起工作的人员，李某海到庭，则可以查明郭某德是否在李某海的指挥下从事工作。法院二审传票传唤李某海必须到庭而未到庭，烽火公司的代理人也未能说明上述情况。依照《中华人民共和国民事诉讼法》第十三条第一款，当事人进行民事诉讼应当遵守诚实信用原则，烽火公司及其法定代表人对其知晓的事实，不作陈述，法院根据烽火公司与鸿祥公司的关系、出事地点、当事人的陈述，认定发生事故的清理场地工程为烽火公司的工程，郭某德在烽火公司法定代表人的直接指挥下进行工作。虽然郭某德不认识烽火公司法定代表人，但清理场地工程为烽火公司的工程、烽火公司法定代表人又直接指挥郭某德从事工作，可以认定郭某德为烽火公司雇工，杨某银仅起介绍作用。烽火公司作为雇主应当对郭某德的伤害进行赔偿，杨某银不承担赔偿责任。郭某德受伤后立即入院治疗，医院诊断其小肠穿孔，该伤害是工地上事故所致明确。

湖北省荆州市中级人民法院依照《中华人民共和国侵权责任法》第二十六条，《最高人民法院关于审理人身损害赔偿案件适用法律若干问题的解释》第十一条第一款，《中华人民共和国民事诉讼法》第十三条第一款、第一百七十条第一款第二项之规定，判决：

一、撤销湖北省荆州市沙市区人民法院（2018）鄂1002民初262号民事判决；

二、烽火公司于本判决生效之日起十日内赔偿郭某德损失46533.75元；

三、驳回郭某德的其他诉讼请求。

【法官后语】

“谁主张，谁举证”为民事举证责任的一般分配规则，建立在传统的辩论主义诉讼模式之上，但现实生活中，事实及证据材料不一定都被举证人掌握或者不在其支配的范围，尤其在劳动、医疗纠纷领域。此时若依据举证责任分配的原则使负举证责任的当事人承担败诉后果将会产生极大的不公平。为实现实质上的平等，《中华人民共和国民事诉讼法》第十三条规定了民事诉讼诚实信用原则，要求当事人及其他诉讼参与人在进行诉讼和审判活动时，应当公正、诚实和善意。一方当事人的证明妨害行为损害了对方当事人的利益，从而获得不当的诉讼利益，显然违反诚信原则。故而《最高人民法院关于民事诉讼证据的若干规定》第九十五条对证明妨害这一规则作出了规定。

从比较法的角度来看，大陆法系一般将证明妨害要件分为客观要件和主观要件：(1) 证明妨碍之行为；(2) 待证事实至证明不可能或困难之结果；(3) 妨害行为与证明不能或困难结果存在因果关系；(4) 在主观上存在可规则性。

在证明妨害的法律效果上，《最高人民法院关于民事诉讼证据的若干规定》采取的是推定主张成立，缓解了事实证明上的困难，实现了诉讼经济的目的。但是已有的证明妨害规则尚有漏洞，即未规定当事人拒绝出庭接受询问的情形。当事人陈述属于法定证据的一种，若当事人拒绝到庭陈诉将使得另一方当事人无法取得所需的证据，加大人民法院查清事实的难度，即使其委托了诉讼代理人参加诉讼，其行为仍然可以认定为证明妨害，推定对方当事人的主张成立。具体到本案中，李某海为烽火公司的法定代表人，若其到庭陈诉，则可以查清郭某德是否受雇于烽火公司。通过对诚实信用原则和证明妨害规则的解释，本案将当人事拒绝到庭接受询问情形纳入证明妨害规则中，较好地维护了当事人的利益。

有效防止证明妨害的行为，消除其带来的不良影响，是真正实现司法正义的一个重要方面，虽然我国目前的相关制度尚有不足，但也越来越完善，如书证提出命令制度的建立。同时，在司法实践中，可以通过法律解释的技术弥补制度资源的受限。

编写人：湖北省荆州市中级人民法院　刘洋一

12

撤销自认应获得免除举证责任的当事人同意方被准许

——张某民诉张某套、洪建伟业公司提供劳务者受害责任案

【案件基本信息】

1. 裁判书字号

北京市第三中级人民法院（2019）京 03 民终 14082 号民事判决书

2. 案由：提供劳务者受害责任纠纷

3. 当事人

原告（上诉人）：张某民

被告（上诉人）：张某套

被告（被上诉人）：洪建伟业公司

【基本案情】

洪建伟业公司与张某套存在多次劳务分包关系。2017年，洪建伟业公司承包了李桥村“煤改气”工程。就上述工程，洪建伟业公司的法定代表人给张某套打电话找人到现场施工。于是张某套打电话给张某民，告知张某民在2017年11月8日到李桥村的“煤改气”工程工地干活，具体地址和内容让张某民和洪建伟业公司的员工张某联系。2017年11月8日，张某民给张某打电话问清施工地点后到达现场，并根据张某安排跟随周某滨开车去拉材料钢管。在第二次返回施工地点途中，因路面强烈颠簸，钢管从车上滚落，张某民被带摔到地上，又被掉落的钢管砸在身上，身体多处受伤。

案件审理过程中，洪建伟业公司申请追加张某套为被告参加诉讼，张某民表示同意，并主张由洪建伟业公司和张某套承担连带赔偿责任。法院追加张某套为本案被告。

张某民申请对其所受伤害的伤残等级及误工期、护理期、营养期进行鉴定。经法院随机确定由法大法庭科学技术鉴定研究所对张某民申请事项进行鉴定。法大法庭科学技术鉴定研究所针对张某民伤情做出《司法鉴定意见书》，双方当事人对该鉴定意见均无异议。

【案件焦点】

准许撤销自认需经同意的对方当事人的范围。

【法院裁判要旨】

北京市顺义区人民法院经审理认为：两次庭审中张某套作出的陈述不一致，张某套对第一次庭审中的陈述作出反悔的行为，其未能提出足以推翻第一次陈述的相反证据，依据诚实信用原则，法院对张某套第一次庭审时的陈述予以确认，认定张某套为张某民的雇主。

雇员在从事雇佣活动中遭受人身损害，雇主应当承担赔偿责任。雇佣关系以外的第三人造成雇员人身损害的，赔偿权利人可以请求第三人承担赔偿责任，也可以请求雇主承担赔偿责任。雇主承担赔偿责任后，可以向第三人追偿。对于张某民向雇主主张赔偿责任的请求，法院予以确认。

洪建伟业公司系“煤改气”工程劳务的发包人，洪建伟业公司将劳务分包给不具有资质的张某套个人，应与张某套承担连带赔偿责任。

张某民在提供劳务过程中受到损害，张某套作为接受劳务一方对张某民负有监督和管理的义务，应对张某民所受的损害承担赔偿责任。张某民的工作具有一定的危险性，张某民对此应保持足够的谨慎注意义务，其从车上滑落受伤，自身亦应负有一定的过错责任，法院确定张某民负担30%的责任，张某套负担70%的责任，洪建伟业公司承担连带责任。

受害人遭受人身损害，因就医治疗支出的各项费用以及因误工减少的收入，赔偿义务人应当予以赔偿。受害人因伤致残的，赔偿义务人应一并赔偿残疾赔偿金、被扶养人生活费。上述损失情况，根据法院确定的双方当事人的过错程度进行分担。张某民所受人身损害对其身心造成一定的伤害，张某民有权要求被告给付精神损害赔偿。

北京市顺义区人民法院依照《中华人民共和国侵权责任法》第六条、第十五条、第十六条、第二十六条、第三十五条，《最高人民法院关于民事诉讼证据的若干规定》第三条、第十条之规定，判决：

一、张某套于本判决生效之日起七日内赔偿张某民医疗费、误工费、护理费、营养费、住院伙食补助费、交通费、残疾赔偿金（含被扶养人生活费）、精神损害抚慰金合计311000元；

二、洪建伟业公司对张某民的上述损失承担连带赔偿责任；

三、驳回张某民其他诉讼请求。

张某民、张某套不服一审判决，提起上诉。

北京市第三中级人民法院经审理同意一审法院裁判意见，依照《中华人民共和国民事诉讼法》第一百七十条第一款第一项规定，判决：

驳回上诉，维持原判。

【法官后语】

本案的焦点在于确定洪建伟业公司与张某套之间是否存在劳务分包关系、张某套与张某民之间是否存在雇佣关系。类案中劳务分包行为及雇佣行为往往无书面协议，通常口头约定或按照习惯进行，因而导致认定存在劳务分包关系及雇佣关系比较困难，故应重视当事人在庭审中的陈述。

本案中，张某套在第一次庭审中陈述与洪建伟业公司之间系劳务分包关系，与张某民之间系雇佣关系，于是免除了洪建伟业公司和张某民的证明责任。第二次庭审中，张某套要求撤销其在一审中的自认，称其陈述内容系受洪建伟业公司指使，非其本人真实意思表示。其否认与洪建伟业公司之间存在劳务分包关系，也否认与张某民之间存在雇佣关系。张某套之自认能否被撤销，应做如下分析：

一、张某套是否存在自认

存在自认是撤销其自认的基础。第一次庭审中，张某套被追加为被告参加诉讼，庭审中其陈述与洪建伟业公司之间系包清工关系，即劳务分包关系。张某民系受张某套指派前去工作。张某民受张某套控制，为张某套提供劳务，张某套向张某民支付报酬。由此可见，张某套在第一次庭审中自认了其与洪建伟业公司存在劳务分包关系，与张某民存在雇佣关系。

二、张某套的自认是否受胁迫或存在重大误解

张某套长期从事劳务清包工作，其对包清工及指派人员从事劳务的性质应有明确的了解，其可能仅对其行为是否需要承担责任存在误解。张某套称庭审中所述系受洪建伟业公司指使，非其本人真实意思表示，称如做上述意思表示，洪建伟业公司将给付其前期提供劳务的费用。就此，张某套追索前期提供劳务的费用与本案并无关联，其可通过其他途径主张劳务费用。该项承诺即便存在，也构不成对张某套的胁迫，故张某套做出的意思表示受其意识支配，不存在胁迫或重大误解的情况。

三、张某套撤销自认是否经对方当事人同意

张某民追加张某套为本案被告并要求张某套与洪建伟业公司一并承担连带赔偿责任。可见张某民事实上并未同意张某套撤销自认。洪建伟业公司更是明确不同意张某套撤销自认。

综合分析，张某套撤销自认的请求不应准许，应依据张某套自认的事实作出判决。

现就对方当事人同意撤销自认中的对方当事人做重点分析，笔者认为该对方当事人应做扩大解释，应指同一法律关系中存在利害关系的对方当事人。

同一案件中可能存在多个法律关系，本案中即存在劳务分包关系和雇佣关系。每一个存在争议的法律关系中都存在有利害关系的不同主体。劳务分包关系中有利害关系的主体为发包方和承包方，雇佣关系中有利害关系的主体为雇主与雇工人。

对于雇工人受到的伤害，雇主承担损害赔偿责任，非法发包人将与雇主一并承担连带责任。本案中，张某套撤销其为雇主的自认，应得到雇佣法律关系的对方主体即张某民的同意，张某套撤销其分包劳务的自认，应得到劳务分包法律关系的对方主体即洪建伟业公司的同意。即便存在有对方主体同意撤销自认方的撤销行为，该同意也仅作用于同一法律关系内，对于同一案件中存在的其他法律关系，如不存在利害关系，则其同意不能导致撤销自认方的撤销自认被准许。

假设张某民基于与张某套的特殊身份关系同意张某套撤销自认，并承认张某套主张的二人之间不存在雇佣关系，不意味着张某民与洪建伟业公司必然存在雇佣关系。在洪建伟业公司未同意张某套撤销与其存在劳务分包关系的自认下，洪建伟业公司与张某套之间存在劳务分包关系。张某民未给洪建伟业公司提供劳务，也就与洪建伟业公司不存在雇佣关系，此时张某民将承担其同意张某套撤销自认的后果。如此一来，也可对张某民同意被告撤销自认做出适当的限制。

综上所述，当事人撤销自认应得到同一法律关系中存在利害关系的对方当事人同意。

编写人：北京市顺义区人民法院　郭文攀

二、雇佣关系与承揽关系的区分

13

雇佣和承揽的区别

——郭甲诉童趣童玩店等提供劳务者受害责任案

【案件基本信息】

1. 裁判书字号

福建省厦门市中级人民法院（2019）闽02民终5832号民事判决书

2. 案由：提供劳务者受害责任纠纷

3. 当事人

原告（被上诉人）：郭甲

被告（上诉人）：童趣童玩店

被告：某房地产公司、某商业管理公司、谢某平

【基本案情】

2018年3月5日，童趣童玩店委托经理范某刚作为甲方与乙方谢某平等签订《钢结构拆除施工承包合同》，约定由乙方拆除甲方的钢结构，合同总价为2800元，谢某平、康某生、刘某军、兰某忠、黄某冰在合同上签名并加盖手印。签订合同后，五人与后来的郭甲一起开始拆除案涉钢架。童趣童玩店在工人进场时提供了安全绳及移动脚手架及可连接在脚手架上的安全绳，郭甲也系了安全绳后去拆除案涉钢架，但在郭甲不慎掉落时未系安全绳索。随后被送往医院住院治疗。

2018年3月10日，童趣童玩店委托张某强通过微信支付1500元给谢某平，谢

某平书写《收条》一张交童趣童玩店收执，该《收条》载明："今收到童趣童玩店拆装费总价 2800 元（贰仟捌佰圆整），注：因未拆完付 1500 元（壹仟伍佰圆整）。"谢某平在今收人处签名并捺印确认，随即按每人 250 元分发给参与拆卸案涉钢架的其余五人。2017 年 7 月 21 日，谢某平收到张某强微信转账 2700 元，并按照每人 450 元平分给包括自己在内的六人。

郭甲现经常居住地为福建省厦门市同安区西湖塘里×号×室，事故发生前其在厦门连续生活、居住满一年。郭甲与配偶张某金于 2006 年 4 月 24 日生育女儿郭甲雨，于 2011 年 12 月 17 日生育儿子郭甲成。郭甲父亲郭甲清出生于 1955 年 10 月 28 日，母亲张某英出生于 1962 年 6 月 25 日，郭甲另有兄弟姐妹两人，其中其姐郭乙为叁级智力残疾人。

【案件焦点】

1. 郭甲与童趣童玩店之间形成何种法律关系；2. 各方当事人是否应当承担赔偿责任及责任比例问题；3. 郭甲因本次事故所遭受的损失数额。

【法院裁判要旨】

福建省厦门市同安区人民法院经审理认为：关于郭甲与童趣童玩店之间的关系问题，郭甲称与童趣童玩店形成雇佣关系，郭甲因晚到现场没有在合同上签名，童趣童玩店与谢某平等其余五人之间亦系雇佣关系。童趣童玩店辩称《钢结构拆除施工承包合同》名为承包，实为承揽，其与谢某平之间形成承揽合同法律关系，郭甲可能系谢某平所雇佣的工人，与童趣童玩店无关。首先，从双方人身关系的支配性看，郭甲等六人工作地点位于童趣童玩店承租的商场内，由童趣童玩店指定工作时间，为晚上十点至早上七点，拆卸过程中童趣童玩店现场员工有经理范某刚、康某武及员工杨某三人在场，根据《钢结构拆除施工承包合同》约定，谢某平等五人进场后必须听从童趣童玩店管理人员的协调指挥，此外，郭甲、谢某平的陈述及康某生、刘某军、兰某忠、黄某冰的证人证言均一致稳定陈述，有童趣童玩店的工作人员在现场指挥施工，综上可见，现场施工人员受童趣童玩店的支配较强，其人身自主性较弱。其次，从双方的权利义务上看，谢某平等六人提供劳务，由童趣童玩店提供报酬，六名施工人员每人工资报酬为 250 元/天，有微信转账记录为证。童趣童玩店辩称案涉工程承包费为 2800 元，由于谢某平等未完成全部工程故先行支付部分款项1500元，其又进一步辩称剩余未支付款项1300元可能为谢某平作为雇主从中赚取的利润，因谢某平举示2017年7月、2017年11月两次拆装案涉游乐场攀爬架所有施工人员的工资报酬均相同，双方之间就拆装案涉游乐场攀爬架已形成较为稳定的交易习惯，谢某平几次拆装案涉游乐场攀爬架均未从中谋取利润，谢某平在本案中抽取利润的可能性较低。假使如童趣童玩店所称，谢某平承揽案涉工程后雇用郭甲共同完成拆卸任务，按照生活经验法则，谢某平作为雇主承担一定风险，应从中抽取一定利润，鉴于谢某平与郭甲两者酬劳相同，且谢某平、郭甲及其他施工人员平常的工作均为摩托车载客工，谢某平、郭甲之间更符合同属于平等法律地位的劳务提供者，法院对童趣童玩店的上述答辩不予采信。最后，从生产工具、设备的提供方看，移动脚手架、安全服由童趣童玩店提供，生产工具、设备由雇主提供，亦符合雇佣关系的特征。至于郭甲虽未在合同上签名，但其实际进行工作并由童趣童玩店为其发放劳动工具等辩解，综合上述情况，郭甲为童趣童玩店拆卸游乐场攀爬架，二者形成的是雇佣法律关系。童趣童玩店称郭甲系谢某平雇佣，主张谢某平应承担责任缺乏依据，法院不予采纳。

关于责任承担问题。童趣童玩店系郭甲的雇主，其作为接受劳务一方，依据《中华人民共和国侵权责任法》第三十五条的规定，应根据双方各自的过错承担相应的责任。结合当事人举证及庭审陈述，郭甲在移动脚手架上走动时，未采取任何安全保护措施，如绑安全带、戴安全帽等，郭甲作为完全民事行为能力人应当预料到高处作业中站在移动脚手架上存在摇晃或不牢靠等导致从脚手架上跌落的可能，但郭甲未采取安全措施，特别是在先前已经穿上安全服之后又自行脱掉，其对发生危险的可能持放任态度，故对其受伤，郭甲自身存在较大过错；童趣童玩店虽在施工间隙为郭甲提供过安全服，但从现场施工情况来看，该安全保护设施明显不足，大部分施工人员均未穿着安全服、戴安全帽，童趣童玩店三名工作人员虽在施工现场，但对郭甲在移动脚手架上未采取安全措施未尽到及时提醒注意及持续的安全保障，且童趣童玩店对其提供的移动脚手架本身可能存在的隐患未采取进一步安全保护措施，亦存在过错。关于郭甲诉请某房地产公司、某商业管理公司承担赔偿责任，对此，法院认为，某房地产公司、某商业管理公司将案涉场地出租给童趣童玩店使用，在本案事故中并无过错，对该诉求，法院不予支持。综上，对郭甲的受伤，法院酌情认定郭甲对其自身的损失承担65%的责任，童趣童玩店作为雇主应承担35%的赔偿责任。

关于损失数额问题，郭甲因本次事故诉求的各项损失，经计算童趣童玩店应当赔偿郭甲各项经济损失185706.53元。郭甲因本次事故构成九级伤残附加一处十级伤残，必然造成精神痛苦，结合双方当事人的过错等因素，法院酌情认定郭甲精神损害抚慰金为5000元。故童趣童玩店应赔偿郭甲因事故伤害造成的各项经济损失共计190706.53元。

福建省厦门市同安区人民法院依据《中华人民共和国侵权责任法》第十六条、第三十五条，《最高人民法院关于审理人身损害赔偿案件适用法律若干问题的解释》第十九条、第二十条、第二十一条、第二十二条、第二十三条、第二十四条、第二十五条、第二十六条、第二十八条，《最高人民法院关于确定民事侵权精神损害赔偿责任若干问题的解释》第十条，《中华人民共和国民事诉讼法》第六十四条第一款之规定，判决：

一、童趣童玩店应于本判决生效之日起十日内赔偿郭甲因本案事故造成的损失人民币190706.53元；

二、驳回郭甲的其他诉讼请求。

童趣童玩店不服一审判决，提起上诉。

福建省厦门市中级人民法院经审理同意一审法院裁判意见，依照《中华人民共和国民事诉讼法》第一百七十条第一款第一项规定，判决：

驳回上诉，维持原判。

【法官后语】

雇佣关系与承揽关系都是在生活中比较常见的法律关系，两者最大的共同点在于都是通过提供劳务来换取报酬。司法实践中经常出现一些交织于雇佣关系和承揽关系的边界性案件，这类案件涉及人身损害赔偿时，二者在责任承担、举证责任分配等诸多方面截然不同，以至于二者在判决结果上也可能会大相径庭，对当事人的利益产生重要影响。

本案中对于双方当事人关系的认定是案件的关键。当事人之间是否存在控制、支配和从属关系；是否由一方指定工作场所、提供劳动工具或设备，限定工作时间；报酬的给付方式，中间人是否从中盈利等都是区分雇佣和承揽关系的关键。

本案中，首先，郭甲等六人由童趣童玩店指定工作时间，拆卸过程中童趣童玩店有员工在场，根据《钢结构拆除施工承包合同》约定，进场后必须听从童趣童玩店管理人员的协调指挥，可见，现场施工人员受童趣童玩店的支配较强，其人身自主性较弱；其次，从双方的权利义务上看，郭甲等六人提供劳务，由童趣童玩店提供报酬，六名施工人员每人工资报酬为250元/天，有微信转账记录为证，中间人谢某平在本案中抽取利润的可能性低；最后，从生产工具、设备的提供方看，移动脚手架、安全服由童趣童玩店提供，生产工具、设备由雇主提供，亦符合雇佣关系的特征。

编写人：福建省厦门市同安区人民法院 宋岩 覃娟

14

雇佣合同与承揽合同的区别与认定

——艾某峰诉幸荣地天经销部提供劳务者受害责任案

【案件基本信息】

1. 裁判书字号

北京市密云区人民法院（2019）京0118民初5004号民事判决书

2. 案由：提供劳务者受害责任纠纷

3. 当事人

原告：艾某峰

被告：幸荣地天经销部

【基本案情】

2018年5月25日，艾某峰在幸荣地天经销部仓库装卸瓷砖过程中，从已堆砌的瓷砖垛上摔下受伤。后被送往医院治疗，其伤情被诊断为右侧髋臼骨折、骨盆骨折、右侧髂骨骨折、右侧坐骨支骨折等，幸荣地天经销部支付部分医疗费，双方就其他赔偿事宜协商未果，故诉至法院。

【案件焦点】

1. 艾剑锋与幸荣地天经销部之间的法律关系系承揽合同关系抑或劳务雇佣关系；2. 在认定劳务雇佣关系的前提下，艾某峰与幸荣地天经销部对艾某峰在本案中合理损失的责任如何分担；3. 艾某峰合理损失金额的确定。

【法院裁判要旨】

北京市密云区人民法院经审理认为：劳务雇佣合同系雇员从事雇主授权或者指示范围内的劳务活动，雇主支付报酬的合同。承揽合同是约定一方为他方完成工作，他方在承揽方交付独立完成的工作成果后支付报酬的合同。本案中，艾某峰及证人李某等所从事的装卸工作并不具备较高技术含量，在务工过程中，艾某峰等均系在幸荣地天经销部提供的务工场所，按照幸荣地天经销部经营者吴某开指示的瓷砖码放地点、工作量完成装卸工作。本案所涉及劳务为简单劳务工作，并不需要雇主再行指示，故吴某开虽在指示完货品及卸货地点后离开现场，但并不能否认其对艾某峰等的监督管理责任，不能排除其雇主身份。另按照李某等三名证人陈述，工资系由吴某开支付，三人亦认可吴某开系老板，且在务工过程中，李某等工人与艾某峰并无支配与从属关系，艾某峰仅居间联络工人，并未抽取提成。另说明，本案工资给付方式系按照艾某峰等人所完成的实际工作量给付，款项性质应系工资，依据本案现有证据，不足以认定为承揽费用。故根据本案现有证据及查明事实，法院认定艾某峰与幸荣地天经销部之间形成劳务雇佣关系。

雇员在从事雇佣活动中遭受人身损害的，雇主应当承担赔偿责任。艾某峰与幸荣地天经销部之间形成劳务雇佣关系，现艾某峰在提供劳务的过程中受伤，双方应分担艾某峰的合理损失。艾某峰作为完全民事行为能力人，在从事劳务过程中应当对自身安全尽到审慎的注意义务，但其在装卸货过程中不慎从自己已堆砌的瓷砖上摔下，未注意自身安全导致受伤，其本身具有一定过错，酌定承担次要责任。幸荣地天经销部作为接受劳务一方，酌定承担主要责任。

艾某峰主张的医疗费、鉴定费，法院依据艾某峰所提交的票据核定其实际损失金额；艾某峰主张的住院伙食补助费一项，符合法律规定，法院根据其住院天数酌情确定损失金额；艾某峰主张的营养费、护理费、误工费三项，符合法律规定，法院依据司法鉴定意见书所确定的相应期限，酌定损失金额；艾某峰主张的残疾赔偿金，符合法律规定，法院予以支持；艾某峰主张的被抚养人生活费一项，于法有据，法院依法予以核算，并与残疾赔偿金一并计算；艾某峰主张的精神损害抚慰金一项，符合法律规定，法院酌情对其主张的合理部分予以支持；艾某峰主张的交通费一项，由法院酌定；艾某峰主张的财产损失一项，因其未向法院提交证据，故法院对其此项主张不予支持。另应说明，双方应根据各自责任比例对艾剑锋的合理损失承担责任，对艾某峰自述已获赔付的26000元，法院在核算赔偿金额时予以扣除。

北京市密云区人民法院依照《中华人民共和国侵权责任法》第十六条、第二十二条、第二十六条、第三十五条，《最高人民法院关于审理人身损害赔偿案件适用法律若干问题的解释》第十一条、第十七条、第十八条，《中华人民共和国民事诉讼法》第六十四条第一款之规定，判决：

一、幸荣地天经销部于本判决生效后七日内给付艾某峰医疗费、住院伙食补助费、营养费、护理费、误工费、残疾赔偿金、精神损害抚慰金、交通费、鉴定费等共计85760元。

二、驳回艾某峰的其他诉讼请求。

【法官后语】

在审判实践中，往往存在一些边际案例，不易区分雇佣关系与承揽关系。而雇主往往利用这一点，将雇佣合同混淆为承揽合同，从而逃避自己理应承担的雇主责任，损害了劳动者的合法权益。以下是雇佣合同与承揽合同的区分方法：

一、雇佣合同与承揽合同的特征及区别

所谓雇佣合同，是指从事雇主授权或者指示范围内的生产经营活动或者其他劳务活动。雇佣合同具有以下显著特征：

（1）雇佣合同系提供劳务的合同，以完成一定的劳动为标的，雇主为其提供的劳务支付报酬，至于工作成果则不是合同的标的；（2）雇员的工作不具有独立性。一般由雇主提供工作场所、设备、生产资料等，受雇主的指挥管理；（3）雇佣关系中所从事的事项范围比较广，包括生产经营活动及其他各项劳务活动，活动技术含量比较低，受雇用人付出的主要是劳动力，其报酬成分也单一，仅仅包括劳动力的价值。

承揽合同则是承揽人按照定作人的要求完成工作，交付工作成果，定作人给付报酬的合同。承揽包括加工、定作、修理、复制、测试、检验等工作。承揽合同具有以下几个特征：

(1) 其标的是按照定作人的要求完成工作成果，定作人就完成的工作成果而支付报酬；(2) 承揽人工作具有独立性。承揽人应以自己的设备，技术和劳力，完成主要工作，不受定作人的指挥管理，同时承揽事项的完成具有一定的人身依附性，故不得随意交由他人进行；(3) 标的物系为满足定作人的特殊需要，具有特定性。

二、雇佣合同与承揽合同的认定标准

对于二者的认定标准，根据相关司法解释、公报案例和相关著作认为可以根据以下五项并根据案情具体予以认定：(1) 当事人之间是否存在控制、支配和从属关系；(2) 是否由一方指定工作场所、提供劳动工具或设备、限定工作时间；(3) 是定期给付劳动报酬还是一次性结算劳动报酬；(4) 是继续性提供劳务，还是一次性提供劳动成果；(5) 当事人一方所提供的劳动是其独立的业务或者经营活动，还是构成合同相对方的业务或者经营活动的组成部分。上述标准之1学理上称为“控制标准”，2～4称为“契约形态标准”，5称为“组织标准”。如当事人之间存在控制、支配和从属关系，由一方指定工作场所、提供劳动工具或设备，限定工作时间，定期给付劳动报酬，所提供的劳动是接受劳务一方生产经营活动的组成部分的，可以认定为雇佣。反之，则应当认定为承揽。

具体到本案中，艾某峰虽在该建材市场长期组织务工者从事搬运工作，但其仅为劳务居间联系人，其本人也系务工人员之一，工人与艾某峰并无支配与从属关系。艾某峰等均系在幸荣地天经销部提供的务工场所，按照幸荣地天经销部经营者吴某开指示的瓷砖码放地点、工作量完成装卸工作。本案所涉及劳务为简单劳务工作，并不需要雇主再行指示，不能排除幸荣地天经销部的雇主身份，且本案工资给付方式系按照艾某峰等人所完成的实际工作量给付，款项性质应系工资，故本案艾某峰与幸荣地天经销部之间形成劳务雇佣关系，而非承揽合同关系。

编写人：北京市密云区人民法院　相颖

15

承揽合同关系和雇佣关系的判断

——汪某岳诉裕盛公司提供劳务者受害责任案

【案件基本信息】

1. 裁判书字号

福建省泉州市中级人民法院（2019）闽05民终618号民事判决书

2. 案由：提供劳务者受害责任纠纷

3. 当事人

原告（上诉人）：汪某岳

被告（上诉人）：裕盛公司

【基本案情】

2018年5月21日，裕盛公司将钢丝绳穿帆布的业务发包给汪某岳施工，未订立书面合同。同日9时30分，汪某岳在作业时不慎从竹梯上滑落，致左腿受伤。事故发生后，林某愉、吴某金及时将汪某岳送至安溪县医院进行治疗。经安溪县医院初步诊断为：左腓骨上段骨折；左胫腓骨下端粉碎性骨折，多发骨碎片移位；左内踝骨骨折。2018年5月26日，汪某岳转院至中国人民解放军第180医院治疗，2018年6月8日出院，共住院13日，花费医药费37690.63元，伤情为：1. 左胫腓骨骨折；2. 左2、3、4跖骨基底部骨折。出院医嘱：1. 注意休息，加强营养，需要护理；2. 继续左足石膏固定6周，3个月内禁止拿拐杖或者自行下床行走；3. 定期复查，出院后1月、3月、6月、1年来院复查，根据医生的指导意见，决定能否下地行走，骨折愈合后取出内固定；4. 门诊随访。事故发生后，裕盛公司支付给汪某岳5000元。2018年7月9日，汪某岳向法院提起诉讼。审理过程中，汪某岳申请伤残鉴定，法院依法委托福建万鸿司法鉴定所鉴定，鉴定意见：1. 被鉴定人汪某岳的损伤评定为九级伤残。2. 被鉴定人汪某岳取内固定物的后续治疗费用评定为 10000 元。后续如发生骨不连，需行植骨术等治疗，其相关后续治疗费用以实际发生的费用票据为准。为此，汪某岳支付鉴定费 1800 元。

另查明，2017 年福建省农、林、牧、渔业在岗职工平均工资 58068 元/年，即 159. 09 元/日。

【案件焦点】

同时涉及承揽合同及劳务关系的提供劳务者受害责任分担问题。

【法院裁判要旨】

福建省安溪县人民法院经审理认为：汪某岳与裕盛公司之间存在承揽合同关系。汪某岳因履行承揽合同自己受伤，各方当事人应根据各自的过错承担责任。汪某岳作为一个完全民事行为能力人，其在从事钢丝绳穿帆布的过程中，没有注意安全致自身受伤，对此，汪某岳本人存在过错，应自行承担 80% 的民事责任。钢丝绳穿帆布具有一定的危险性，但裕盛公司在要求汪某岳钢丝绳穿帆布时并未尽到提醒汪某岳做好安全保护措施的义务，在指示上存在一定的过失，应对汪某岳的损害承担 20% 的民事赔偿责任，数额为 30765. 93 元；扣除裕盛公司已支付的 5000 元，裕盛公司还应支付 25765. 93 元。

福建省安溪县人民法院依照《中华人民共和国侵权责任法》第三条、第六条第一款、第十五条第一款第六项、第十六条、第二十二条、第二十六条，《最高人民法院关于审理人身损害赔偿案件适用法律若干问题的解释》第十条、第十七条第一款至第二款、第十八条、第十九条、第二十条、第二十一条、第二十二条、第二十三条、第二十四条、第二十五条、第三十五条，《最高人民法院关于确定民事侵权精神损害赔偿责任若干问题的解释》第一条、第九条、第十条，《最高人民法院关于适用〈中华人民共和国民事诉讼法〉的解释》第九十条规定，判决：

一、裕盛公司应赔偿汪某岳医疗费等各项损失共计 25765. 93 元，款项限于本判决生效之日起十日内支付；

二、驳回汪某岳的其他诉讼请求。

汪某岳、裕盛公司不服一审判决，提起上诉。

福建省泉州市中级人民法院经审理同意一审法院裁判意见，依照《中华人民共和国民事诉讼法》第一百七十条第一款第一项的规定，判决：

驳回上诉，维持原判。

【法官后语】

本案争议关键点在于裕盛公司与汪某岳之间的关系是什么。经过分析，在案件审理过程中，要解决案件中涉及的法律关系，其实就是解决司法实践中大量存在的对承揽合同关系和雇佣关系的判断。

雇佣关系，是雇员从事雇主授权或指示范围内的生产经营或其他劳务活动，雇员获得劳务报酬，雇主获得雇员劳动所创造的价值利益的劳务活动的约定，在民法体系中属于劳务合同。雇主雇用他人从事劳务活动，对雇员有选任、指导、监督、指挥、管理的义务和权利。雇佣关系确定后，雇主通过行使指导、指挥、监督和管理的权利，使自己既能从雇员的劳务中获取利益，又可防范雇员在劳务活动中可能产生的经营损失。雇佣关系中，雇主处于支配地位，雇员则处于被支配的从属地位。承揽合同，是指承揽人按照定作人的要求完成某项工作并交付工作成果，定作人接受工作成果并支付报酬的合同。承揽合同具有四个显著的特征：一是承揽人的工作过程不受定作人监督、指挥和管理，由承揽人按合同标的独自完成工作达到成果质量。二是承揽合同标的的特定性，承揽人交给定作人的工作成果必须是合同指定的、满足定作人特殊需要的物或产品。三是承揽人交付定作人的物或产品是合同约定由其独自完成的劳动产物（成果），而不是市场供应采购的物品。四是承揽合同的纷争只体现在合同履行过程中工作成果的数量质量、交付成果时限和报酬给付、定作标的变更、材料提供瑕疵、图纸和技术要求不符、不合理监督检验、定作物及材料保管不善、留存泄密、中止合同等所造成损失方面的赔偿，一般不涉及人身损害方面的赔偿之争。由此可见，本案中，裕盛公司实质系承揽合同关系中的定作人，其最终目的系接收汪某岳承揽的钢丝绳穿帆布的劳动成果，汪某岳自行购买钢丝绳、穿帆布。在其完成工作后，裕盛公司才给予一定报酬。两者之间系承揽合同关系。

明确了本案中涉及的法律关系，便可以清晰地依法确定汪某岳与裕盛公司对本次事故中造成损失的责任分配了。在本案中，裕盛公司作为承揽合同的定作人，其在定作过程中，存在选任过失，根据法律规定，依法应承担相应的赔偿责任。因此，裕盛公司依法承担20%民事责任，汪某岳承担80%的民事责任。

编写人：福建省安溪县人民法院　黄月治　陈洁

16

雇佣关系与承揽关系的区别及提供劳务者受害赔偿数额的认定方法

——张某、邹某杰诉王某林、柏某兰提供劳务者受害责任案

【案件基本信息】

1. 裁判书字号

黑龙江省龙江县人民法院（2019）民初第2184号民事判决书

2. 案由：提供劳务者受害责任纠纷

3. 当事人

原告：张某、邹某杰

被告：王某林、柏某兰

【基本案情】

邹某杰与张某系母子关系，二人系张某全法定第一顺序继承人。王某林与柏某兰系夫妻关系，经营水果生意。

2019年4月15日，张某全承揽王某林位于龙江镇市场街延顺路西晨曦幼儿园后身巷道内一仓库墙体的拆扒及清运工程，当日，张某全雇用郭某林、井某东一起完成工作。2019年4月16日，张某全驾驶三轮车装载拆扒工具到达仓库，王某林交代工程量后离开。张某全负责用电镐拆扒墙体，郭某林、井某东负责土、砖等拆扒物的清运工作。在工作中，墙体倾倒，张某全被砸伤。张某全立即被送往龙江县第一人民医院治疗，诊断为：重度开放性颅脑损伤、脑疝、胸腔积液、双侧耻骨坐骨骨折，经抢救无效死亡，花医疗费28648.60元。该事件经龙江县公安局调查处理，分别对张某、王某林、王某、郭某林、井某东进行询问，公安机关作出“不属于公安机关管辖的行政、刑事案件”的认定。案涉工程尚未完工，工钱尚未支付。

双方因张某全的死亡赔偿事宜协商未果，故起诉至法院。

【案件焦点】

1. 如何区分雇佣关系还是承揽关系，认定当事人之间的身份关系；2. 如何确定损害赔偿责任的承担。

【法院裁判要旨】

黑龙江省齐齐哈尔市龙江县人民法院经审理认为：王某林对张某全在身份上，并不强调支配、抑或从属，而关注的是墙体拆扒、土砖清运的工作成果，所以王某林与张某全不存在控制、支配和从属关系。在王某林提供的照片中，张某全既有车辆、又有工具，而证人郭某林、井某东的陈述也能证明劳动工具来自张某全自带或外借；本案中虽无证据证明工钱的结算方式，但从张某全雇用证人郭某林、井某东的角度出发，并参照法院询问龙江镇龙江桥附近招揽工程人员的情况看，王某林与张某全系"一锤子买卖"，即张某全完成拆扒、清运工作，王某林一次性支付工钱；公安机关的询问笔录及证人当庭证言能够证实，案涉工程只是拆扒墙体、清运残物，并无其他工程；王某林系经营水果生意的业主，张某全所拆扒的墙体只是王某林仓库临时需要而完成的工程，是独立的，并非王某林生产经营的组成部分，不具有长期性、继续性的特征，综上所述，张某认为张某全与王某林之间形成雇佣关系，张某全遭受的损害应当由王某林承担赔偿责任的理由，依法不能成立。

王某林提供的证据不足以证明张某全自墙根进行拆扒的事实，墙体倒塌不能认定张某全存在过错，张某全系在拆扒墙体过程中受伤、医治无效死亡，对张某全死亡结果的发生，张某全和王某林都没有过错。《中华人民共和国民法通则》规定："当事人对造成损害都没有过错的，可以根据实际情况，由当事人分担民事责任。"张某全是在为王某林提供劳务过程中遭受损害，王某林可依公平原则给予一定补偿。

对于补偿数额，综合全案案情、张家人遭受的经济损失及所受精神打击情况，法院酌定 50000 元为宜。张某全系针对王某林的家庭提供劳务，故柏某兰应与王某林共同承担补偿责任。

黑龙江省龙江县人民法院依照《中华人民共和国合同法》第二百五十一条，《中华人民共和国民法通则》第一百三十二条及《中华人民共和国民事诉讼法》第六十四条之规定，判决：

一、王某林、柏某兰于本判决生效之日起十日内补偿张某、邹某杰人民币50000元；

二、驳回张某、邹某杰的其他诉讼请求。

【法官后语】

司法实践中，在某些领域如装修、装卸、维修、搬运等，属于雇佣关系还是承揽关系往往成为侵权案件中的一个争议焦点。在现代民事法律关系日趋复杂的背景下，这两种关系存在一定的相似之处，界定二者的关系确实存在一定的难度。本案的判决在区分雇佣关系还是承揽关系的基础上，认定当事人之间的身份关系，对损害赔偿责任的承担及当事人各方利益的确定具有十分重要的意义。

雇佣关系是指雇员在一定或不特定的期间内，从事雇主授权或指示范围内的生产经营互动或其他劳务活动，雇主接受雇员提供的劳务并按约定给付报酬的权利义务关系。承揽关系是承揽人按照定作人的要求完成工作，交付工作成果，定作人给付报酬的权利义务关系。

在区分雇佣关系与承揽关系上考虑主要看：1. 当事人之间是否存在控制，支配和从属关系；2. 是否由一方指定工作场所，提供劳动工具或设备，限定工作时间；3. 是定期给付劳动报酬还是一次性结算劳动报酬；4. 是继续性提供劳务，还是一次性提供劳动成果；5. 当事人一方所提供的劳动是其独立的业务或者经营活动，还是构成合同相对方的业务或者经营活动的组成部分。雇佣关系中，雇主与受雇人之间往往存在支配或从属关系，受雇人在雇主的安排与指挥下提供劳务，雇主一般按劳务时间定期向雇员支付报酬。反之，则为承揽关系。

本案中，王某林与张某全不存在控制、支配和从属关系；劳动工具来自张某全自带或外借；本案中虽无证据证明工钱的结算方式，王某林与张某全系“一锤子买卖”，即一次性支付工钱；张某全所拆扒的墙体只是王某林仓库临时需要而完成的工程，是独立的，并非王某林生产经营的组成部分，不具有长期性、继续性的特征，综合来看，双方未形成雇佣关系。

承揽关系是承揽人按照定作人的要求完成一定的工作，交付工作成果，定作人接受工作成果并给付报酬而在双方当事人之间形成的法律关系。而雇佣关系，是指当事人约定一方于一定或不定的期间内，为他方提供劳务，他方给付报酬之契约，其目的在于提供劳务，以劳务本身为标的，但不对劳务产生结果负责。承揽中承揽人与雇佣中雇员的利益分配方式也有着实质的区别，表现在：雇员是以纯粹劳务去获得雇主报酬，承揽人则是以其对于技术、设备的掌控及对他人劳务的管理来获得交易收益。

这种利益和风险分配方式背后的制度意义在于：在雇佣活动中，相对于损害赔偿损失而言，雇主事先采取必要的安全防范措施，社会成本是更为低廉的，因为只有在雇员自身存在故意或重大过失时才会免除雇主的相应损害赔偿责任，而通常情况下，雇员是不太可能以自残方式来骗取赔偿金，所以，雇主必然会采取相应措施，提高安全管理水平，防范损害发生。损害发生后，由雇主承担赔偿责任是对其缺乏安全防范措施的惩罚。此外，承揽人的作业通常是自我控制甚至独立于定作人进行，如再由定作人来承担其完成任务过程中的风险，显然是不合适的，不应得到支持。但《中华人民共和国民法典》第一千一百八十六条规定："受害人和行为人对损害的发生都没有过错的，依照法律的规定由双方分担损失。"张某全是在为王某林提供劳务过程中遭受损害，王某林可依公平原则给予一定补偿。因此，根据以上论证，本案王某林需要对张某全的损害进行一定的补偿。

编写人：黑龙江省龙江县人民法院　李志海

三、雇主与雇员的责任划分

17

是否属于因劳务受到损害的认定

——朱某芳诉苏某庚提供劳务者受害责任案

【案件基本信息】

1. 裁判书字号

辽宁省大连市中级人民法院（2019）辽02民终8574号民事判决书

2. 案由：提供劳务者受害责任纠纷

3. 当事人

原告（被上诉人）：朱某芳

被告（上诉人）：苏某庚

【基本案情】

自2018年3月开始，苏某庚雇用朱某芳在其经营的蓝莓大棚产业园区从事蓝莓种植等相关工作，日工资为100元，2018年4月15日，朱某芳在工作期间随案外人兰某庆驾驶三轮车将苏某庚大棚内的废草帘运输到园外的垃圾堆放点进行随车装卸工作，当该车路过大吴线与光吧线交叉口处发生交通事故，致使朱某芳受伤住院。后送至庄河市中心医院住院治疗，经诊断为脑挫裂伤，脑内血肿，左颧弓、眶壁、上额窦鼻骨、头皮裂伤，面部软组织挫裂伤、左眼钝力伤，共住院18天；出院后未见好转于2018年5月9日入住大连医科大学附属第二医院，经诊断为左眼眶复合式骨折，共住院3天。

【案件焦点】

朱某芳是否属于因劳务受到损害。

【法院裁判要旨】

辽宁省庄河市人民法院经审理认为：朱某芳的受伤时间发生在其受苏某庚雇佣的工作期间，受伤原因系其随车装卸苏某庚园区内的草帘，而苏某庚提供的证据不能充分证明其已将园区内的草帘交给案外人兰某庆并由其自行提走，从而证明朱某芳系私自帮工行为，故朱某芳的陈述更符合逻辑推理和日常生活经验法则。

关于朱某芳合理损失的计算：1. 医疗费62679.42元，朱某芳于受伤当日前往庄河市中心医院住院治疗18日，于2018年5月9日转入大连市医科大学附属第二医院治疗3日，支付医疗费共计62492.37元，遵医嘱复诊医疗费187.05元，共计62679.42元；2. 误工费18000元，庭审中双方均同意，误工费按每天100元进行计算，由于司法鉴定意见书中的误工期限为伤后180天，故误工费确认为18000元；3. 护理费9000元，根据大连市人力资源社会保障局发布的《关于发布2018年大连市人力资源市场部分职业（工种）工资指导价位的通知》（大人社发〔2018〕391号）可以确定医院护工12小时护理为150～200元/日，故每日150元的护理费可予支持；4. 交通费500元、复印费10元，对于朱某芳主张的交通费792元、复印费62元，由于其提供的部分交通费、复印费票据有瑕疵，但考虑到本次事故中朱某芳出院、住院、鉴定确实支付了交通费并复印了相关材料，法院酌定交通费为500元，复印费为10元；5. 住院伙食补助费2100元，参照当地国家机关一般工作人员出差伙食补助标准，应确定为100元/日，共计21天；6. 营养费3000元，参照2018年国家统计局大连调查队综合处公布的数据计算，营养费应确认为50元/日；7. 伤残赔偿金36206元，参照当地上一年度农村人均纯收入标准，应确认为18103元/年；8. 被扶养人生活费1403.3元，朱某芳父亲朱某胜有四个子女，现年80周岁，抚养期限确认为5年为宜，参照当地上一年度农村居民人均年生活消费支出标准，故计算方式为；朱某芳支付的鉴定费2440元、鉴定检查费949.02元，以上费用合计136339.74元。

个人之间形成劳务关系，提供劳务一方因劳务造成他人损害的，由接受劳务一方承担侵权责任。提供劳务一方因劳务自己受到损害的，根据双方各自的过错承担相应的责任。本案中，朱某芳为苏某庚提供劳务，二人间形成劳务关系，朱某芳因劳务自己受到损害的，应根据双方各自的过错承担相应的责任。朱某芳虽在为苏某庚提供劳务期间因工作受到损害，但其乘坐无证驾驶人兰某庆驾驶的无证三轮车的行为，本身具有危险性，朱某芳应当认识到该危险性，应主动避免却未采取任何措施。综合本案，法院认为，苏某庚应对朱某芳的合理经济损失承担80%的民事赔偿责任为宜，而由朱某芳自行承担20%的责任。另，关于朱某芳主张的精神损害赔偿金20000元，朱某芳确因此次事故构成伤残，给其精神上造成损害，请求苏某庚给付精神损害抚慰金，符合法律规定；结合朱某芳本人的收入情况及伤残等级，依照相关规定并根据责任比例，法院酌定精神损害赔偿金为6000元。诉讼中，苏某庚要求追加案外人兰某庆为本案第三人，因无法律及事实依据，法院不予支持。

辽宁省庄河市人民法院依照《中华人民共和国侵权责任法》第二条、第十五条、第十六条、第三十五条，《最高人民法院关于审理人身损害赔偿案件适用法律若干问题的解释》第十九条、第二十条、第二十一条、第二十二条、第二十三条、第二十四条、第二十五条、第二十八条及《最高人民法院关于确定民事侵权精神损害赔偿责任若干问题的解释》第十条之规定，判决：

一、苏某庚于本判决发生法律效力后十日内赔偿朱某芳医疗费、误工费、护理费、伙食补助费、营养费、伤残赔偿金、被扶养人生活费、交通费、鉴定费、复印费等经济损失合计109030.19元、精神抚慰金6000元。

二、驳回朱某芳的其他诉讼请求。

苏某庚不服一审判决，提起上诉。

辽宁省大连市中级人民法院经审理认为：个人之间形成劳务关系，提供劳务一方因劳务造成他人损害的，由接受劳务一方承担侵权责任。提供劳务一方因劳务自己受到损害的，根据双方各自的过错承担相应的责任。本案中，朱某芳与苏某庚之间形成劳务关系、朱某芳因案外人兰某庆驾车发生交通事故致伤的事实清楚，争议的焦点在于朱某芳是否属于因劳务受到损害。

一审法院运用逻辑推理和日常生活经验法则认定朱某芳系受苏某庚的工作人员指派随车装卸草帘并无不当。朱某芳所受损害发生于工作时间，与提供劳务有关，可以认定因劳务受到损害，虽然一审判决对证据采信未进行充分说理，但基本事实认定正确，裁判结果并无不当。

关于一审是否遗漏重要程序和关键证据，虽然一审判决未对现场勘验情况进行表述，但即使行车路线及垃圾堆放点的地理位置确与苏某庚自行绘制的地图相符，因交通事故发生在去往黄山崖口和兰某庆家的途中，仅凭位置图无法确认兰某庆拉草帘的具体目的地，一审未予表述并无不当。

关于应否追加兰某庆为第三人，本案系提供劳务者受害责任纠纷，朱某芳虽因交通事故受伤，但其有权利依照劳务关系要求接受劳务一方承担相应责任，苏某庚申请追加第三人无法律依据，一审未予准许并无不当。综上，苏某庚的上诉请求不能成立，应予驳回。一审判决认定基本事实清楚，适用法律正确，应予维持。

辽宁省大连市中级人民法院依照《中华人民共和国民事诉讼法》第一百七十条第一款第一项之规定，判决：

驳回上诉，维持原判。

【法官后语】

近几年来，提供劳务者受害责任纠纷类案件在每年的案件审判中占有一定比例，且随着雇主及受雇人员法律意识的增强，此类案件呈现出一种稳步增长的趋势，雇主为寻求免责、雇员为致伤后多要赔偿而想尽办法，导致案件在审理过程中事实调查与证据确认的复杂化。故，如何厘清头绪、化繁为简地清楚认定事实、采信有效证据，成为案件审判的关键。

本案中，在无其他具有较强证明效力证据对案件纠纷焦点进行证实的情况下，朱某芳同苏某庚均提供了同一证人王某平的证人证言，而王某平的证言先后不一致，故在进行证据采用的过程中需要结合证据的形成时间、具体内容和陈述对象，证人与当事人的关系等综合分析判断证据的证明力及证明力的大小，显然朱某芳在先提供的录音具有较高的可信度。而且，根据"谁主张，谁举证"的举证原则，苏某庚应当为自己提出的朱某芳是在私自帮工期间受伤的反驳理由进行举证，在苏某庚无其他证据对朱某芳非因劳务致伤进行证明的情况下，办案人充分利用逻辑推理和日常生活经验法则对案件事实进行认定，最大化地还原了纠纷的实际情况。

日常审判活动之中，由于案件发生时法官不可能在场，当事人的事实陈述又大都本着对自己有利的原则进行，原本的证据随着时间的推移而灭失或无法通过合适载体进行体现，导致法官无从得知事实发生的过程即无法明确"客观事实"，即便通过庭审调查及现有证据对比，法官很难做到对案件事实的全部还原。在此前提下，利用证据规则进行举证责任分配和利用逻辑推理及日常生活经验法则进行事实推定成为法官认定“法律事实”的重要手段。故按照法定程序和标准开展庭审调查，对证据的有效性逐一作出有效、无效确认，对当事人的陈述事实按照生活经验进行逻辑推理，才能客观公平地对案件进行下判。

编写人：辽宁省庄河市人民法院　付晓东

18

劳务受害的因果关系认定

——李某惠诉李某坤、陈某芬提供劳务者受害责任案

【案件基本信息】

1. 裁判书字号

福建省泉州市中级人民法院（2019）闽05民终572号民事判决书

2. 案由：提供劳务者受害责任纠纷

3. 当事人

原告（上诉人）：李某惠

被告（被上诉人）：李某坤、陈某芬

【基本案情】

陈某芬在南安市梅山镇蓉中村建房，房屋的外墙基本完成后陈某芬将垃圾清理等收尾工作承包给李某坤，李某坤于2017年9月28日通知李某惠到陈某芬处清理建筑垃圾。2017年9月29日下午，李某惠在清理垃圾时因突然昏迷被送往泉州市光前医院，后因病情严重转往泉州市第一医院抢救治疗，经诊断为：左侧额颞叶及基底节区脑出血破入脑室、脑疝、脑动脉硬化、左侧额颞顶部硬脑膜下积液、电解质代谢紊乱、低钾血症、高钠血症、肺部感染、败血症、荨麻疹、右肾多发囊肿、低蛋白血症、消化道应激性溃疡伴出血、肝功能异常、右输尿管盆段结石伴右输尿管、右肾盂、右肾重度积水，共花费医疗费人民币137092.36元。事故发生后，李

某坤垫付了人民币10000元。因陈某芬申请对李某惠左侧额颞叶及基底节区脑出血等疾病的发病原因进行鉴定，经法院委托，福建安泰司法鉴定所于2018年4月2日作出鉴定意见，李某惠左侧额颞叶及基底节区脑出血的原因是脑动脉硬化，不宜评定其劳动与左侧额颞叶及基底节区脑出血之间的因果关系。

【案件焦点】

李某惠在劳动过程中发生的损害与其所提供的劳务之间是否存在因果关系。

【法院裁判要旨】

福建省南安市人民法院经审理认为：本案系侵权责任纠纷，李某惠应就侵权责任的构成要素，即侵权人因过错而实施的侵权行为、受害人遭受损害的事实、损害事实与侵权行为存在因果关系承担举证责任。本案中，李某惠在提供劳务过程中突发左侧额颞叶及基底节区脑出血破入脑室、脑疝、脑动脉硬化等疾病，该疾病不同于普通可视外力所致的损伤，根据《中华人民共和国侵权责任法》第三十五条“……提供劳务一方因劳务自己受到损害的，根据双方各自的过错承担相应的责任”之规定，李某惠应就其疾病与劳务活动存在因果关系承担举证责任。李某惠诉称其系因“现场没有任何防护措施，室内窗户关闭，通风不善”，导致其“在清理过程中因呛入过多粉尘咳嗽不止，进而窒息昏倒”，但从李某惠提供的病历资料中均未有该方面原因的记录，李某惠提供的证据并不足以证明该因果关系存在的事实。反观法院依陈某芬申请而委托福建安泰司法鉴定所进行鉴定而出具的“李某惠左侧额颞叶及基底节区脑出血的原因是脑动脉硬化，不宜评定其劳动与左侧额颞叶及基底节区脑出血之间的因果关系”的鉴定结论，鉴定人员依李某惠申请亦出庭就该鉴定结论接受当事人的询问，并进行了解释，故该鉴定程序合法，鉴定结论并不存在不合理之处，法院予以采纳。根据“谁主张，谁举证”的原则和“证据高度盖然性”原则，李某坤、陈某芬主张李某惠所致疾病为其自身疾病，与本案劳务活动不存在因果关系，法院予以认可。李某惠发病后，半个小时左右的时间内，李某坤作为非专业人员，即采取观察、寻找村医、通知李某惠家属、叫车送医等措施，并不能认定其存在拖延或处置不及时的情形，不宜认定李某坤在该方面存有过错。

福建省南安市人民法院依照《中华人民共和国侵权责任法》第三十五条，《中华人民共和国民事诉讼法》第六十四条，《最高人民法院关于民事诉讼证据的若干规定》第二条、第七十三条之规定，判决：

驳回李某惠的诉讼请求。

李某惠不服一审判决，提起上诉。

福建省泉州市中级人民法院经审理认为：李某惠受雇于李某坤为陈某芬的一楼房屋从事建筑垃圾清理等收尾工作，李某惠在劳动过程中出现脑出血，虽经鉴定，李某惠左侧额颞叶及基底节区脑出血的原因是脑动脉硬化，不宜评定其劳动与左侧额颞叶及基底节区脑出血之间的因果关系。法院根据案情酌情确定李某坤补偿李某惠 30000 元，扣除李某坤垫付的 10000 元，李某坤还应补偿李某惠 20000 元。李某惠在为陈某芬的利益提供劳务的过程中受到损害，法院酌情确定陈某芬应补偿李某惠 20000 元。

福建省泉州市中级人民法院依照《中华人民共和国民事诉讼法》第一百七十条第一款第二项规定，判决：

一、撤销福建省南安市人民法院（2017）闽 0583 民初 10309 号民事判决；

二、李某坤应于本判决生效之日起十日内支付李某惠 20000 元；

三、陈某芬应于本判决生效之日起十日内支付李某惠 20000 元；

四、驳回李某惠一审的其他诉讼请求。

【法官后语】

根据《中华人民共和国民法典》第一千一百六十五条“行为人因过错侵害他人民事权益造成损害的，应当承担侵权责任。依照法律规定推定行为人有过错，其不能证明自己没有过错的，应当承担侵权责任”之规定，需要承担侵权责任的前提是侵害了他人的民事权益，如果没有侵害他人民事权益的行为，即他人的民事权益受到侵害并不是自己的行为造成的，则无须承担侵权责任，故证明行为与损害结果之间存在因果关系是要求承担侵权责任的条件之一。本案的难点就在于当事人突发脑溢血是否与其为雇主、房主提供的劳动存在因果关系。本案伤者在提供体力工作时突发脑溢血，因脑溢血病情起因复杂，经当事人申请，法院依法委托鉴定机构对伤者突发脑溢血与其劳动之间是否存在因果关系进行鉴定，并邀请法医到庭接受询问，得出的结论均是：伤者左侧额颞叶及基底节区脑出血的原因是脑动脉硬化，不宜评定其劳动与左侧额颞叶及基底节区脑出血之间的因果关系。伤者称鉴定结论为

"不宜评定具有因果关系"，并不代表完全否认二者之间存在因果关系，但劳务受害并不适用举证责任倒置，根据"谁主张，谁举证"的原则，李某惠应就其损害与劳动之间的因果关系进行充分的举证证明，其所提供的医学文献等亦不能证明其损害即为劳动引起。在此情况下，如果仅因"不宜评定具有因果关系"就反推出具有因果关系，明显对一方不公，也违反了证据规则的规定，故尽管二审法院酌情判决李某坤、陈某芬补偿李某惠损失，但其也判定了本案中并不能证明因果关系的存在。

编写人：福建省南安市人民法院　黄婷婷

19

雇员因自身过错受害时雇主可承担适当补偿责任

——侯某敏诉耿某鹭等提供劳务者受害责任案

【案件基本信息】

1. 裁判书字号

江苏省泰州市海陵区人民法院（2019）苏1202民初2039号民事判决书

2. 案由：提供劳务者受害责任纠纷

3. 当事人

原告：侯某敏

被告：耿某鹭、周某、十月妈咪月嫂会所

【基本案情】

耿某鹭、周某系夫妻关系。2016年10月12日，周某（甲方、雇主）、十月妈咪月嫂会所（乙方、家政服务机构）与侯某敏（丙方、家政服务员）签订家政服务合同，约定乙方向甲方推荐丙方，为甲方提供照料小孩的服务，甲方同意雇用丙方为其提供此项服务，服务方式为住家制，合同还约定了服务地点、时间、报酬以及中介费用等。2017年1月22日下午，侯某敏出门未带手机、钥匙，被关在门外，留有耿某鹭、周某的小孩在房屋内，侯某敏从楼顶利用消防水龙带向下欲爬回房屋内时跌落至19层阳台，后被送至医院住院治疗。事发后耿某鹭、周某垫付医疗费4730元。

【案件焦点】

雇员在提供劳务时为维护雇主利益采取救助措施而自身受到重大伤害时，不存在过错的雇主是否应当承担责任。

【法院裁判要旨】

江苏省泰州市海陵区人民法院经审理认为：对侯某敏主张要求中介方十月妈咪月嫂会所承担责任的主张，于法无据，不予支持。关于侯某敏主张耿某鹭、周某承担侵权责任，根据法律规定，提供劳务一方因劳务自己受到损害的，接受劳务一方承担过错责任。侯某敏将自己关在业主门外后，选择从顶层顺着消防水龙带爬至位于20层的屋内，其未尽审慎注意义务，存在一定过错。而侯某敏并未举证证明耿某鹭、周某在此过程中存在过错，因此侯某敏要求耿某鹭、周某承担侵权责任，不予支持。但综合考虑事发时耿某鹭、周某年幼的小孩尚在屋内的现状以及侯某敏积极寻求最快返回屋内途径的初衷，根据《中华人民共和国民法总则》的规定，因保护他人民事权益使自己受到损害的，没有侵权人、侵权人逃逸或者无力承担民事责任，受害人请求补偿的，受益人应当给予适当补偿。本案中，耿某鹭、周某当庭陈述“小孩已经会爬行和走路，一人在家非常危险，万一发生意外结果不可想象”，可见小孩在事发时确处于将要发生的危险中。侯某敏选择返回房屋内的方式虽极度危险，但其意欲保护房屋内小孩的目的明显，最终因此遭受损害，耿某鹭、周某作为小孩的监护人，系侯某敏该保护行为的受益人，应当对侯某敏的损失予以适当补偿。综合考虑双方的经济状况及受益人的受益范围，确定耿某鹭、周某共同承担其中5%的补偿责任，即19662.68元。事发后耿某鹭、周某已支付4730元，应予扣减，尚需给付侯某敏14932.68元。

江苏省泰州市海陵区人民法院依照《中华人民共和国民法总则》第一百八十三条之规定，判决：

耿某鹭、周某共同于本判决生效之日起十日内补偿侯某敏14932.68元。

【法官后语】

《中华人民共和国民法典》第一百八十三条规定的补偿规则规范的行为类型主要系见义勇为行为，包括阻止侵权人实施侵权行为，也包括防止非由他人的侵害行为或自然原因引起的损害。该条并没有排斥在劳务关系中的适用，从其立法目的来看，该条规范的目的系由受益人在一定范围内补偿受害人损失，将伦理上的义务通过法律予以确定，以分配受害人应分担的风险，实现利益衡平，鼓励美德善行。

本案中，侯某敏具有保护幼儿人身安全的合同义务，非典型的见义勇为行为，但门被反锁导致尚无生活能力的幼儿独自留在房屋内，置于非常危险的境地，侯某敏出于防止幼儿长期留在屋内而受到伤害的目的，欲利用消防水龙带爬回房屋内时跌落至19层阳台，既是积极履行劳务的行为，又具有保护他人民事权益的善意。侯某敏的行为虽具有危险性，不值得模仿，但其为了幼儿人身安全自愿承担受伤风险的精神值得认同。且在当时的情况下，侯某敏难以采取其他更快捷的方式而采用其以为比较合理的方式进行救助，主观上属于过于自信的过失，并非故意使自身受到损害，若仅以雇员不能举证证明雇主存在过错即由雇员承担如此严重之后果，有失公允。从社会普通人的观念来看，在该种情况下由雇主向雇员补偿一定的经济损失符合伦理道德，亦符合《中华人民共和国民法典》第一百八十三条立法意旨，有利于鼓励雇员尽心履职，为雇主提供更优质的劳务。

雇员提供劳务过程中兼具保护雇主民事权益的义务，在雇员为维护雇主利益非故意使自身受到重大伤害时，因雇主是享有利益的一方，基于利益衡平的考量和弘扬社会主义核心价值观的需要，应当准用《中华人民共和国民法典》第一百八十三条的规定，由无过错的雇主承担适当补偿责任。

编写人：江苏省泰州市海陵区人民法院　严丽娟　陈骁

20

过失相抵规则在劳务受害案件中的适用

——冯某秀诉徐某华、民强公司提供劳务者受害责任案

【案件基本信息】

1. 裁判书字号

湖北省十堰市中级人民法院（2019）鄂03民终2197号民事判决书

2. 案由：提供劳务者受害责任纠纷

3. 当事人

原告（上诉人）：冯某秀

被告（被上诉人）：徐某华、民强公司

【基本案情】

冯某秀系十堰市郧阳区南化塘镇某村村民，2018年6月，经徐某华介绍，冯某秀到民强公司在该村承包的“三改两加强”工程上干活。2018年6月22日下午3时，冯某秀在农户骆某川家房顶解捆绑琉璃瓦的绳子时，因用力过猛导致站立不稳从房顶摔下受伤。受伤后，冯某秀被送往十堰市郧阳区人民医院住院治疗43天。经诊断，冯某秀左锁骨远端骨折，左侧多根多处肋骨骨折，第4、7～10胸椎左侧横突骨折，左侧气胸并创伤性湿肺及多处软组织损伤。住院期间，徐某华为冯某秀垫付医疗费7000元。出院后，2018年11月12日，经湖北医药学院法医司法鉴定所鉴定，冯某秀左侧6根肋骨骨折评定为十级伤残，四处以上胸椎横突骨折评定为十级伤残，左锁骨远端骨折评定为十级伤残，后续医药费（左锁骨内固定钢板取出术）约需人民币11000元。“三改两加强”工程属政府扶贫工程，投有人身意外伤害保险，冯某秀出院后，中国人保十堰市分公司赔付冯某秀医疗费17431.92元，残疾赔偿金5000元。因赔偿事宜双方未协商一致，冯某秀向法院起诉。

【案件焦点】

1. 此次受伤事故中冯某秀是否存在过错；2. 如何适用过失相抵规则。

【法院裁判要旨】

湖北省十堰市郧阳区人民法院经审理认为：冯某秀在民强公司承包的“三改两加强”工程中干活时不慎摔伤，工人高处作业未系安全绳也无其他安全保护措施，民强公司作为工程的承包方，未尽施工安全管理职责，对事故的发生存在重大过错，故应对冯某秀的受伤承担主要赔偿责任；冯某秀作为完全民事行为能力人，在提供劳务时对自身安全负有注意义务，其在屋顶施工时解绳子用力过猛，导致本人站立不稳摔伤，故冯某秀对事故的发生也有过错，应对自身损失承担一定的赔偿责任，综合此次事故发生经过、后果及双方过错程度，法院酌定民强公司承担 65% 的责任，剩余 35% 的责任由冯某秀自负。徐某华介绍冯某秀到民强公司承包的“三改两加强”工程中干活，其负责带班管理，不是工程的承包人，且对事故的发生没有过错，故对冯某秀不承担赔偿责任，徐某华垫付的 7000 元医疗费，冯某秀应当予以返还。根据冯某秀所提交的证据及法院查证的事实，认定冯某秀医疗费、误工费、护理费、残疾赔偿金等各项损失共计 110455. 56 元。扣除中国人保十堰市分公司已赔付的 22431. 92 元，剩余的 88023. 64 元（包含精神损害抚慰金 2500 元），由民强公司承担 65% 的赔偿责任，剩余 35% 由冯某秀自负。

湖北省十堰市郧阳区人民法院根据《中华人民共和国侵权责任法》第六条、第二十六条，《最高人民法院关于审理人身损害赔偿案件适用法律若干问题的解释》第十七条、第十八条、第十九条、第二十条、第二十一条、第二十二条、第二十三条、第二十四条、第二十五条、第二十八条、第三十五条，《最高人民法院关于确定民事侵权精神损害赔偿责任若干问题的解释》第十条、第十一条以及《中华人民共和国民事诉讼法》第六十四条、第一百四十二条之规定，判决：

一、民强公司在本判决生效之日起十日内向冯某秀支付赔偿款 58090. 37 元；

二、冯某秀于本判决生效之日起十日内向徐某华返还医疗费 7000 元；

三、驳回冯某秀的其他诉讼请求。

冯某秀不服一审判决，提起上诉。

湖北省十堰市中级人民法院经审理认为：一审法院根据双方的过错程度确定由雇主民强公司承担 65% 的赔偿责任，雇员冯某秀自担 35% 的赔偿责任，并无明显不当；冯某秀主张一审判决的护理费、误工费、营养费等费用认定不当，但未提供充足证据证明其主张；徐某华不是工程承包人，对事故发生亦无过错，一审判决其不承担赔偿责任正确。

湖北省十堰市中级人民法院依照《中华人民共和国民事诉讼法》第一百七十条第一款第一项规定，判决：

驳回上诉，维持原判。

【法官后语】

打工者在建筑工地受伤的事例数见不鲜，由于建筑工地具有人员流动性大、临时性的特点，打工者很少与雇主签订正式的劳动合同，一旦受伤，与雇主因赔偿问题发生争议，就会向法院提起提供劳务者受害责任纠纷诉讼。裁判者审理此类案件时，一般适用《中华人民共和国民法典》来确定责任承担，而打工者自身是否存在过错就成了整个案件的争议焦点，这关系到其赔偿请求能否被全部支持，也就是案件是否适用过失相抵规则。

过失相抵，是指受害人对于损害的发生或损害结果的扩大具有过错时，依法减轻或者免除赔偿义务人的损害赔偿责任，从而公平合理地分配损害的一种制度。过失相抵不是指侵权人的过失与受害人的过失相互抵消，而是指受害人的过错可以减轻或免除侵权人的赔偿责任，过失相抵只是形容之语。过失相抵的构成要件，主要由客观和主观两部分组成。过失相抵的客观要件是指损害的同一性，包括损害结果的同一性和损害原因的同一性，损害原因的同一性即指损害结果是侵权人和受害人的过错共同造成的。过失相抵的主观要件是指受害人主观上须有过错。过错是行为人主观上应受谴责的心理状态，包括故意和过失两种情形。结合本案实际情况，仅讨论过失这一种主观状态，细分下来，过失又包含"能预见而没有预见"和"虽然预见但轻信可以避免"两种心理状态。按照学理通说，对于过失的判断，就是看行为人是否尽到了普通人的注意义务。

本案中，冯某秀受民强公司雇佣，在从事危房改造施工时从屋顶摔下受伤，对于此次事故，民强公司作为雇主，有义务为工人提供相应的安全防护措施，但民强公司在安排冯某秀等上屋顶铺设琉璃瓦时，未提供相应的安全绳、安全帽等防护用具，因此，可认定民强公司对施工现场的安全生产未尽到管理职责，按照过错原则，应对冯某秀承担赔偿责任。但冯某秀作为完全民事行为能力人，对自身安全负有注意义务，在屋顶高处施工有较大的摔伤风险，施工过程中应当小心谨慎，冯某秀直接用手拽开捆绑琉璃瓦的绳子导致其站立不稳从屋顶摔下受伤，违反了对自身安全的合理注意义务，存在过失，按照过失相抵规则，其自身也应承担一部分责任，可减轻民强公司的赔偿责任。但冯某秀作为个体打工者，按雇主要求施工，与雇主相比其处于弱势一方，在高处施工不系安全绳并非其本意，而是雇主民强公司未提供。因此，相比冯某秀本人的过失，民强公司疏于安全生产管理，过错更大，结合本案实际情况，综合考虑此次事故的发生、经过及双方过错对损害结果的原因力大小等因素，裁判者判决民强公司承担65%的赔偿责任，剩余35%部分由冯某秀自负，二审法院也维持了这一责任比例的划分。而且，裁判者在计算具体的赔偿金额时，先扣除了保险公司的赔偿金额，再进行责任比例的划分，做到了最大限度地保护冯某秀的个人权益。

在提供劳务者受害责任案件中合理地适用过失相抵规则，不仅体现了民法上的公平和诚实信用理念，而且还更加坚定地维护了责任自负的现代法治精神。

编写人：湖北省十堰市郧阳区人民法院　谢平

21

提供劳务者受害责任纠纷中过错责任认定问题

——吴某栋诉国网通道县供电分公司提供劳务者受害责任案

【案件基本信息】

1. 裁判书字号

湖南省通道侗族自治县人民法院（2020）湘1230民初130号民事判决书

2. 案由：提供劳务者受害责任纠纷

3. 当事人

原告：吴某栋

被告：国网通道县供电分公司

【基本案情】

2019年7月26日，吴某栋在为国网通道县供电分公司所属的八路村八路自然团寨与江乍团寨相交的山场电力外线做树木杂草清障工作时，被倒下的树木撞到受伤。国网通道县供电分公司所属菁芜洲镇供电所将吴某栋送往通道县第一人民医院住院治疗33天后出院，其间曾在怀化市第一人民医院通道分院诊治。吴某栋经诊断伤势为：1. 左肺挫伤；2. 左侧液气胸；3. 左侧第1/3/4/5/6/7/8/9/多发肋骨骨折；4. 第1~4腰椎左侧横突骨折；5. 左下第1/2/3牙及右下第1/2/3/4颗牙缺损；6. 第10胸椎骨粉碎性骨折；7. 第10、11胸椎左侧附件骨折。吴某栋由此所致损伤程度经怀化市正兴司法鉴定所鉴定构成十级伤残三处，综合评定由此造成的误工期为150天，护理期为60天、营养期为60天，后续牙齿修复及康复费预计需20000元或以医院实际支出为准。事发前吴某栋一直在国网通道县供电分公司从事电力线路维护和施工工作。

【案件焦点】

关于提供劳务者受害责任纠纷中过错责任的认定。

【法院裁判要旨】

湖南省通道侗族自治县人民法院经审理认为：吴某栋向国网通道县供电分公司提供劳务，国网通道县供电分公司作为接受劳务的一方，依法应当为雇员的安全工作提供充分的保护措施，并对吴某栋在从事受雇佣活动中所遭受的人身损害承担赔偿责任。本案中，吴某栋在作业过程及事发时，国网通道县供电分公司未给吴某栋配备安全帽，安全监管未到位，可见国网通道县供电分公司在雇佣活动中未提供安全的生产工具和生产环境，也未进行有力监管，以致发生吴某栋在工作中遭受人身损害的事故，国网通道县供电分公司过错明显，国网通道县供电分公司应就其过错承担民事责任并赔偿吴某栋全部损失。国网通道县供电分公司辩称，应减轻国网通道县供电分公司50%的侵权责任。法院认为，证人吴某作、吴某辉均当庭证实国网通道县供电分公司在安全培训、安全帽配备、安全监管等方面均未到位，国网通道县供电分公司亦未能举证证实吴某栋存在过错，故法院对国网通道县供电分公司要求减轻其50%侵权责任的辩称不予支持。根据庭审查明，法院确定吴某栋的损失为：1. 医疗费19270.25元，国网通道县供电分公司已全部支付；2. 交通费241元，双方当事人均同意交通费为241元；3. 鉴定费2800元；4. 住院伙食补助费3000元，吴某栋共计住院30天。住院伙食补助费参照《湖南省省直机关差旅费管理办法》规定，出差补助标准为100元/天/人计算共计3000元；5. 误工费18367元，吴某栋系农村居民，按2018年度湖南省农林牧渔标准44693元计算，经鉴定误工150日；6. 护理费7347元，吴某栋护理人员费用按农村居民、按2018年度湖南省农林牧渔标准44693元计算，经鉴定护理期60日；7. 营养费3600元，根据吴某栋病情法院酌情支持3600元；8. 后续牙齿修复种植及康复治疗费20000元，鉴定意见认定后续牙齿修复种植及康复治疗费20000元，法院予以支持；9. 残疾赔偿金21985.08元，吴某栋系农村居民，经鉴定有十级伤残三处，根据吴某栋伤情法院酌情确定吴某栋伤残赔偿系数为12%，并按2018年湖南省农村居民人均可支配收入14093元计算；10. 精神损害抚慰金6000元，根据吴某栋的病情、伤残情况及当地平均生活水平和造成的后果，法院酌情支持6000元。以上十项共计102610.33元。扣减国网通道县供电分公司已垫付的医疗费19270.25元后，国网通道县供电分公司依法应再赔偿吴某栋83340.08元。国网通道县供电分公司辩称吴某栋后续牙齿修复、康复治疗费20000元无事实根据，但其未能举证证实，法院对国网通道县供电分公司辩称不予支持。

湖南省通道侗族自治县人民法院依照《中华人民共和国侵权责任法》第六条第一款、第十六条、第二十二条、第三十五条，《最高人民法院关于审理人身损害赔偿案件适用法律若干问题的解释》第十一条第一款、第十七条第一款至第二款、第十八条、第十九条、第二十条、第二十一条、第二十二条、第二十三条、第二十四条、第二十五条，《中华人民共和国民事诉讼法》第六十四条第一款之规定，判决：

一、国网通道县供电分公司赔偿吴某栋83340.08元；

二、驳回吴某栋的其他诉讼请求。

【法官后语】

《中华人民共和国民法典》确立了提供劳务者受害责任纠纷适用一般过错责任

的归责原则，认定提供劳务者与接受劳务者过错责任中贯彻最大限度保护提供劳务者合法权益的价值取向，必须要明确行使自由裁量权需要考量的具体因素，主要包括以下几个方面：

一是要看接受劳务者是否履行了一些必要义务。如接受劳务者是否为提供劳务者提供了安全的劳动环境，是否为提供劳务者提供了符合安全标准的工具，是否告知提供劳务者对劳动工具的使用和操作方法。

二是要看提供劳务者自身受到伤害的原因。即是因为提供劳务者自己没有尽到对自身安全的注意义务，还是因为接受劳动者对提供劳务者选任不当、现场监督和指挥不力等原因导致伤害的发生。

三是要看接受劳务者对提供劳务者管理的松紧程度，也就是接受劳务者控制劳务活动、减少危险能力的强弱。

四是要看接受劳务者通过提供劳务者的劳动获取利益的多少。

五是要看接受劳务者接受劳务是否为了进行商品经营，是否具备通过商品价格分散损失的能力。

在本案中，吴某栋在作业过程及事发时，国网通道县供电分公司未给吴某栋配备安全帽，安全监管未到位，可见国网通道县供电分公司在雇佣活动中未提供安全的生产工具和生产环境，也未进行有力监管，以致发生吴某栋在工作中遭受人身损害的事故，国网通道县供电分公司过错明显，国网通道县供电分公司应就其过错承担民事责任并赔偿吴某栋全部损失。

编写人：湖南省通道侗族自治县人民法院　莫进华　龙海波

22

提供劳务者无明显过错接受劳务者须承担赔偿责任

——许某梅诉京鼎福公司提供劳务者受害责任案

【案件基本信息】

1. 裁判书字号

北京市第二中级人民法院（2019）京02民终15391号民事判决书

2. 案由：提供劳务者受害责任纠纷

3. 当事人

原告（被上诉人）：许某梅

被告（上诉人）：京鼎福公司

【基本案情】

许某梅于2018年11月10日受雇于京鼎福公司，担任面点师。2018年11月23日凌晨3:50，许某梅在后厨使用和面机和面时手臂被卷入和面机中受伤，京鼎福公司立即将许某梅送往医院就诊。当日，许某梅入住北京朝阳急诊抢救中心，并进行手术治疗，共住院31天，其间共产生医疗费181738.48元，其中京鼎福公司为其支付110123.58元，许某梅自付71614.9元。

案件审理过程中，许某梅申请对伤残等级、误工期、护理人数、护理期、后续治疗费进行鉴定。经法院委托，北京法源司法科学证据鉴定中心出具司法鉴定意见书，评定：1. 被鉴定人许某梅左侧肱骨下段骨折经内固定术后目前遗留左肘关节活动部分受限，致残程度为十级；被鉴定人左前臂开放性损伤、骨筋膜室综合征经治疗目前遗留左腕关节活动部分受限，致残程度为十级。2. 被鉴定人许某梅所受之损伤综合评定误工期90~270日，护理期60~90日，护理期内护理人数为1人。3. 被鉴定人许某梅具有行内固定物取出术的手术指征。具体费用受地区物价、医院级别、患者个体体质差异等多因素影响，难以准确预估，本次鉴定首先尊重双方协商一致的意见或医疗机构的医学建议，其次可以实际发生为准。本次鉴定仅提供北京地区该内固定物取出术的手术费用为12000元左右，供法庭审理参考。许某梅支付鉴定费4050元。

许某梅提交事发时后厨的视频监控录像一份，显示许某梅使用和面机和面，面和好后，许某梅将机器关停，因面团与搅拌桶粘黏无法自行倒出，许某梅将手伸进搅拌桶中掏面团，几次后和面机突然开始搅动，将许某梅的手臂卷入搅拌桶中。

【案件焦点】

1. 责任主体认定及责任比例如何分担；2. 许某梅自身是否存在过错。

【法院裁判要旨】

北京市丰台区人民法院经审理认为：京鼎福公司雇用许某梅从事面点工作，许某梅在工作中被和面机搅伤手臂，京鼎福公司作为雇主应当承担赔偿责任。从监控录像来看，许某梅在取面团前已关闭机器，虽然和面机使用说明介绍面团可自动倒出，但实际上面团与搅拌桶粘黏无法自行倒出，许某梅在关闭机器的情况下用手取面合乎常理，并不存在过错，故法院未采纳京鼎福公司关于许某梅存在过错的辩称意见。

北京市丰台区人民法院依照《中华人民共和国侵权责任法》第十六条、第二十二条，《最高人民法院关于审理人身损害赔偿案件适用法律若干问题的解释》第十一条、第十七条之规定，判决：

一、京鼎福公司于判决生效后七日内赔偿许某梅医疗费72460.9元、误工费10000元、护理费7000元、住院伙食补助费1550元、交通费300元、营养费1400元、残疾赔偿金124812元、精神损害抚慰金10000元、鉴定费4050元；

二、驳回许某梅的其他诉讼请求。

京鼎福公司不服一审判决，提起上诉。

北京市第二中级人民法院经审理认为：许某梅在取面前已对和面机进行了关闭操作，虽然和面机的使用说明显示面团可以自动倒出，但在面团与搅拌桶粘连无法自动倒出时，在和面机关闭情况下用手取面亦不违背常理，且许某梅作为完全民事行为能力人，亦不会在明知机器未关闭的情况下刻意用手取面。而京鼎福公司作为雇主，其在雇用许某梅时并未对其进行专门培训，亦未就和面机的安全使用向许某梅进行告知。故综合考量并依据本案现有证据，一审法院认定许某梅不存在过错，京鼎福公司应对许某梅的合理损失承担全部赔偿责任具有一定依据，京鼎福公司的上诉主张不能成立。

北京市第二中级人民法院依照《中华人民共和国民事诉讼法》第一百七十条第一款第一项之规定，判决：

驳回上诉，维持原判。

【法官后语】

在现代社会，随着经济的繁荣发展，用工关系是社会生活中的重要关系，为他人提供劳务已经成为十分普遍的现象，但是大量的提供劳务过程中自身受到损害的情况频繁发生，导致提供劳务者受害纠纷日益增多。

作为提供劳务者，不管是因提供劳务原因自身受到损害，还是在提供劳务期间因第三人侵权而造成自身损害，如果要求接受劳务一方承担赔偿责任，应该适用《中华人民共和国民法典》第一千一百九十二条规定，要求雇主承担无过错赔偿责任。提供劳务者相较接收劳务者在社会地位、经济地位上本身就是弱势的，通过举证过错来分担责任也会使提供劳务者在法律上处于弱势地位，如果提供劳务者由于自身法律意识淡薄及弱势地位受限，无法举证接受劳务者的过错，从而使接受劳务者免责，是非常不公平的。尤其在现实生活中，提供劳务一方因学历较低、靠出卖劳动力为生，往往都是处于社会最底层的弱势群体，在劳务过程中，提供劳务者往往没有经过系统的培训，其自身极易受到伤害。该类型的提供劳务者受害责任往往涉及具有固有危险性的劳务活动，如农村盖房工人、家政服务人员、汽车驾驶员，更不应该将劳务活动中的风险全部转移给他们。同单位用工无异，社会中个人作为劳务者，也会遇到因劳务活动而致自身损害形成的损害赔偿问题。

在适用《中华人民共和国民法典》第一千一百九十二条时，在具体的个案的审判过程中，法官在处理提供劳务者受害责任纠纷案件时，当发现提供劳务者的合法权益无法得到有效保护时，更多地会考虑到提供劳务者本人有没有过错，如果其没有明显过错，则接受劳务者不可避免地承担赔偿责任。

因此，本案中，因许某梅在取面前已对和面机进行了关闭操作，虽然和面机的使用说明显示面团可以自动倒出，但在面团与搅拌桶粘连无法自动倒出时，在和面机关闭情况下用手取面亦不违背常理，且许某梅作为完全民事行为能力人，亦不会在明知机器未关闭的情况下刻意用手取面，故许某梅自身并不存在明显过错，不能将全部风险转移给作为提供劳务者的许某梅，所以在提供劳务者无过错的情况下，作为接受劳务者的京鼎福公司应对许某梅的所受损失承担全部赔偿责任。

编写人：北京市第二中级人民法院　魏曙钊

23

关于接受劳务一方不应承担赔偿责任的情形

——翁某奎、翁某琳诉黄某提供劳务者受害责任案

【案件基本信息】

1. 裁判书字号

福建省厦门市思明区人民法院（2019）闽 0203 民初 13276 号民事判决书

2. 案由：提供劳务者受害责任纠纷

3. 当事人

原告：翁某奎、翁某琳

被告：黄某

【基本案情】

2019 年 5 月 12 日上午 7 时左右，江某珍在雇主黄某租住的家中突然摔倒，后被送往医院因抢救无效于当日宣告死亡。江某珍受雇于黄某的工作内容为晚上陪护小孩，周末无须工作，事发当日系周日；同一期间江某珍白天还有其他的看护小孩工作。

【案件焦点】

提供劳务一方非因劳务行为自己受到损害的，接受劳务一方没有过错的，是否应当承担责任。

【法院裁判要旨】

福建省厦门市思明区人民法院经审理认为：翁某奎、翁某琳主张江某珍系在为黄某提供拖地这一家政服务过程中滑倒受伤，要求黄某进行赔偿。根据《中华人民共和国侵权责任法》第三十五条规定，提供劳务者受害责任应适用过错原则。首先，江某珍到黄某处做保姆时双方约定工作内容为带黄某三岁左右的孩子，并未约定从事其他家务。其次，根据事发后黄某第一时间所拍视频，现场并无拖地等相关工具。最后，从双方确认的雇佣工作内容，事发时间为周日，并非江某珍的工作时间。因此，现有证据无法证明江某珍系从事劳务过程中受害。此外，根据前述视频，也未见其他外部伤害因素；结合医院对江某珍的死亡诊断记录。可以认定根据现有证据，亦无法证明江某珍所受伤害系来自可归责于雇主的因素。综前，对于江某珍的死亡后果，黄某并无过错，且无证据证明江某珍系在为黄某的利益或者共同的利益进行活动的过程中受到损害的，故没有应承担责任的法定情形。因此，法院对翁某奎、翁某琳的诉讼请求不予支持。

福建省厦门市思明区人民法院依照《中华人民共和国民事诉讼法》第六十四条第一款之规定，判决：

驳回翁某奎、翁某琳的诉讼请求。

【法官后语】

本案涉及《中华人民共和国民法典》第一千一百九十二条中关于个人之间形成劳务关系，提供劳务一方因劳务造成他人损害的，接受劳务一方是否应承担责任的问题。本法条中，接受劳务一方并非对提供劳务一方受到的所有损害事实都承担赔偿责任，而是仅对提供劳务一方的因劳务行为而受到的损害事实承担赔偿责任。因此，如何正确判断造成提供劳务一方受到的损害事实的侵权行为是否系劳务行为，是理解并正确适用本条的关键和核心要素，而本条并未对提供劳务一方的劳务行为作出认定，只是精炼地表述为“因劳务”，这就要求法官在审理裁判中需结合法律事实和证据，作出准确的分析和判断。

本案中，双方当事人均确认，作为提供劳务一方的江某珍出现滑倒受伤这一损害事实发生于其休息时间，并非其提供劳务的工作时间。现有证据也无法证明作为接受劳务一方的黄某存在过错。因此，江某珍非因劳务行为受到损害，且黄某不存在过错，那么，江某珍应自行承担相应的损害后果，黄某则不应承担相应的责任。

此外，本案在审理裁判时，没有拘泥于当前的司法环境，简单机械地照搬所谓的公平原则，作出对双方当事人“各打五十大板”，被告也应适当分担损失的判决，拒绝“谁弱谁有理、有钱就该赔”的思路，作出了一份有担当的判决，值得借鉴。

编写人：福建省厦门市思明区人民法院　程万里

24

雇员在雇佣活动中因病死亡，雇主如何担责

——阿某某诉余某提供劳务者受害责任案

【案件基本信息】

1. 裁判书字号

新疆生产建设兵团第八师中级人民法院（2019）兵08民终575号民事判决书

2. 案由：提供劳务者受害责任纠纷

3. 当事人

原告（被上诉人）：阿某某

被告（上诉人）：余某

【基本案情】

拜某某与巴某某曾系夫妻关系，于2005年5月5日离婚，双方生有一女阿某某。

2018年12月23日晚八点，余某雇用拜某某从事危险品运输车辆押运工作，约定押运一趟劳务费为150元/天，车辆行驶至玛纳斯县乐土驿镇加油站处时已至晚十一点，余某与拜某某双方便在车上休息。2018年12月24日凌晨五点左右，余某叫拜某某起床时发现拜某某突发脑溢血疾病，便立即拨打120急救电话，并随车将拜某某送至玛纳斯县人民医院救治。

后拜某某于同日转院至石河子大学医学院第一附属医院治疗，诊断为：右侧椎

动脉慢性狭窄急性闭塞、基底动脉急性闭塞、左侧椎动脉陈旧性闭塞、脑动脉硬化、急性脑梗死。石河子大学医学院第一附属医院无法联系上拜某某的家属，在患者病情危急的情况下为抢救患者，开通绿色通道进行急诊手术治疗，后联系上拜某某的家属，告知病情，其家属于2019年1月4日要求出院，尚欠石河子大学医学院第一附属医院住院费共计128235.55元未支付。

【案件焦点】

拜某某在雇佣活动中因病死亡，雇主余某是否承担责任。

【法院裁判要旨】

新疆维吾尔自治区石河子市人民法院经审理认为：拜某某为余某提供劳务，余某按天支付拜某某劳动报酬，余某与拜某某系雇佣关系。根据《中华人民共和国侵权责任法》第三十五条“个人之间形成劳务关系……提供劳务一方因劳务自己受到损害的，根据双方各自的过错承担责任”之规定，经查明，拜某某在向余某提供劳务的过程中因疾病死亡，事实清楚，余某对拜某某的死亡并不存在过错，故阿某某要求余某承担赔偿责任的理由不能成立，法院不予支持。因余某与拜某某双方均无过错，出于对双方利益以及公平原则的考虑，考虑到拜某某是在为余某提供劳务，为余某利益下出现死亡，应由余某对拜某某的死亡承担适当的补偿责任，但具体数额应根据双方当事人的经济状况、本地区平均生活水平等因素，酌定余某补偿阿某某50000元为宜。

新疆维吾尔自治区石河子市人民法院依照《中华人民共和国侵权责任法》第二十四条，《最高人民法院关于贯彻执行〈中华人民共和国民法通则〉若干问题的意见（试行）》第一百五十七条，《中华人民共和国民事诉讼法》第六十四条的规定，判决：

一、余某在本判决生效之日起十五日内补偿阿某某损失50000元；

二、驳回阿某某的其他诉讼请求。

余某不服一审判决，提起上诉。

新疆生产建设兵团第八师中级人民法院经审理认为：本案争议焦点为：余某应否对阿某某承担50000元补偿责任。拜某某在从事雇佣活动中突发疾病，拜某某的死亡并非源自外界因素，余某对拜某某的死亡无过错，无须承担民事侵权责任。虽然雇主对雇员因自身原因的死亡不承担民事上的侵权责任，但并不意味着雇员自行承担全部损失。根据《中华人民共和国侵权责任法》第二十四条之规定："受害人和行为人对损害的发生都没有过错的，可以根据实际情况，由双方分担损失。"《中华人民共和国民法通则》第一百三十二条规定："当事人对造成损害都没有过错的，可以根据实际情况，由当事人分担民事责任。"《最高人民法院关于贯彻执行〈中华人民共和国民法通则〉若干问题的意见（试行）》第一百五十七条规定："当事人对造成损害均无过错，但一方是在为对方的利益或者共同的利益进行活动的过程中受到损害的，可以责令对方或者受益人给予一定的经济补偿。"可见，在当事人均无过错的情况下可根据公平原则由当事人合理分担损失。本案中，拜某某为余某提供劳务，即余某对拜某某提供的劳务是受益的，一审法院据此酌定余某承担50000元补偿责任并无不当。综上所述，余某的上诉请求不能成立，应予驳回；一审判决认定事实清楚，适用法律正确，应予维持。

新疆生产建设兵团第八师中级人民法院依照《中华人民共和国民事诉讼法》第一百六十九条第一款、第一百七十条第一款第一项规定，判决：

驳回上诉，维持原判。

【法官后语】

本案是一起雇员在受雇主指派的工作期间因自身疾病发作经抢救无效死亡的提供劳务者受害责任纠纷案件。在司法实践中，该案件如何处理有四种意见，第一种意见认为，在《中华人民共和国民法典》颁布之前，2003年发布的《最高人民法院关于审理人身损害赔偿案件适用法律若干问题的解释》第十一条规定："雇员在从事雇佣活动中遭受人身损害，雇主应当承担赔偿责任……"根据上述司法解释，一般认为，雇主对雇员受害承担的责任为无过错责任。因此，雇员既然是在从事雇佣活动时死亡，虽然是因为自身疾病死亡，但依照无过错责任原则，雇主也要承担一定比例的赔偿责任。

第二种意见认为，雇员在雇佣期间突发疾病经抢救无效死亡的，根据《工伤保险条例》第十五条第一款规定，职工在工作时间和工作岗位，突发疾病死亡或者在48小时之内经抢救无效死亡的，视同工伤。应当参照《职工工伤保险条例》第十五条第一款的规定处理。理由是雇佣关系也是一种劳务关系，是劳动者提供劳动服务而雇主支付报酬的行为，所以雇主应参照工伤的赔偿标准进行赔付。

第三种意见认为，当雇员在从事雇佣活动中因自身突发疾病死亡的，可适当给予一定的经济补偿，在《中华人民共和国民法典》颁布之前，根据《中华人民共和国侵权责任法》第二十四条规定："受害人和行为人对损害的发生都没有过错的，可以根据实际情况，由双方分担损失。"因此，雇员虽因个人原因突发疾病死亡，雇主对此并没有过错，但雇主确实又是雇佣活动的受益人，所以其应承担一定的经济补偿责任。

第四种意见认为，雇主不应该承担任何赔偿责任，理由是根据侵权责任构成要件，即行为人有侵权行为；有损害后果发生；主观上有过错；行为与损害结果之间有因果关系，在此情况下，雇主当然要根据过错大小相应承担赔偿责任。如果雇员是因为自身疾病死亡，雇主没有实施任何侵权行为，雇员的死亡也与雇佣活动没有因果关系，所以应属于意外意件，雇主不应该承担赔偿责任。

基于上述四种意见，笔者认为，在审判实践中，第三种意见对本案是比较切合实际的，雇员的死亡不是源自外界的因素，而是基于自身机能变化而产生的结果，由于并无他人的行为参与或受他人的物件危险而发生的事故，不属于侵权法意义上的损害后果，故不能适用《最高人民法院关于审理人身损害赔偿案件适用法律若干问题的解释》，除非有证据证实自身疾病与雇员所承担的工作有一定的因果关系。但雇员是基于自身疾病死亡，是在雇佣活动中发生的，即使雇主对雇员的死亡没有任何过错，但雇员是在被雇主雇佣过程中死去，雇主就是受益人，从公平原则角度出发，确定损失分担，应当考虑损失发生原因、损失大小、影响程度、双方当事人的经济状况等实际情况，达到公平合理、及时化解矛盾、妥善解决纠纷、促进社会和谐的目的、实现公平正义之目的。因此，本案中，雇主余某应该给予在雇佣活动中因自身疾病死亡的雇员拜某某的亲属一定的经济补偿为宜。

本案是适用公平原则作出的裁判，但是需要指出的是，在《中华人民共和国民法典》颁布之后，相关公平原则适用的要件发生了变化，《中华人民共和国民法典》第一千一百八十六条规定："受害人和行为人对损害的发生都没有过错的，依照法律的规定由双方分担损失。"因此适用公平责任原则，除了前述双方对于损害的发生均无过错之外，还需要有"法律的规定"方能够适用。

编写人：新疆维吾尔自治区石河子市人民法院　杜世成

25

雇员在雇佣活动中受到伤害，责任如何承担

——段某世诉天筑公司等提供劳务者受害责任案

【案件基本信息】

1. 裁判书字号

新疆生产建设兵团第八师中级人民法院（2019）兵08民终124号民事判决书

2. 案由：提供劳务者受害责任纠纷

3. 当事人

原告（被上诉人）：段某世

被告（上诉人）：天筑公司、刘某

被告（被上诉人）：石河子宾馆、李某明

【基本案情】

2017年6月24日，石河子宾馆与大筑公司签订一份建设工程施工合同，工程名称：石河子宾馆维修改造工程。工程地点：石河子宾馆院内。工程内容：南小楼抗震加固等项目工程。该工程由天筑公司委派其员工袁某家为工程负责人。

2017年4月，段某世为刘某承包的石河子开发区医院的工程工地上提供劳务，双方约定，刘某向段某世每天支付劳务费160元，当日结清。刘某委派李某明负责工程项目的劳务分配工作。2017年6月26日，由于石河子开发区医院施工工地暂时停工，李某明安排段某世等4人携带刘某在石河子开发区医院工地的施工工具前往天筑公司承包的位于石河子宾馆南小楼室内砸楼板并负责清理工作。同日8时10分，段某世在南小楼拆除二楼室内楼板时，楼板突然断裂，段某世不慎从二楼掉落至一楼摔伤。段某世受伤后，李某明于当日打电话叫120救护车护送段某世至石河子市人民医院治疗，2017年7月5日出院。出院诊断：腰椎骨折（胸12椎体骨折累及两侧椎弓根部、椎弓峡部、横突及后方刺突）；腰椎骨折（腰1椎体）；胸骨骨

折；胸椎退行性病变；腰椎退行性病变；右肾单纯性肾囊肿；二尖瓣关闭不全（轻度）。2017年8月21日，石河子宾馆为段某世出具证明一份，内容为："兹有段某世同志于2017年6月26日在石河子宾馆南小楼施工现场施工时摔伤，此南小楼施工工作面属于天筑公司负责项目。特此证明。"2017年11月1日，段某世委托新疆天宇司法鉴定所对其伤残等级、误工期、护理期、营养期进行鉴定。新疆天宇司法鉴定所作出法医学鉴定意见书，鉴定意见：被鉴定人段某世脊柱损伤已构成九级伤残；误工期为150天，护理期为60天，营养期为60天。

【案件焦点】

段某世在雇佣活动中受伤造成的损失应当由谁承担赔偿责任。

【法院裁判要旨】

新疆维吾尔自治区石河子市人民法院经审理认为：段某世与刘某系雇佣关系，段某世听从刘某委派的施工工地负责人李某明指挥从事石河子宾馆南小楼拆除楼板的工作不慎受伤。刘某应当对段某世因此受伤造成的损失负相应的赔偿责任，因李某明在携带工具施工过程中未注意安全，具有一定的过错，应当对段某世因受伤造成的损失负30%的责任，该过错责任应当由雇主刘某负担。本案中，根据天筑公司与石河子宾馆签订的《建筑工程施工合同》协议的内容及地点及天筑公司提供的证明及会议记录，段某世受伤的南小楼地点确实是天筑公司施工的工作面，段某世在为天筑公司从事劳务过程中受伤，因段某世与石河子宾馆均未向法院提供南小楼分包人，法院通过审查也无法查明石河子宾馆南小楼的具体分包人。故段某世要求施工单位天筑公司在本案中承担赔偿责任，符合法律规定，法院予以支持，天筑公司没有向其施工的南小楼提供相应的安全生产施工条件，造成段某世在工作中受伤，天筑公司具有一定的过错，应当对段某世的损失负40%的责任。而段某世作为完全民事作为能力人，可以预见或应当预见到其在南小楼工作过程中具有一定的危险性，应注意安全谨慎义务，防止受伤事故的发生，但由于段某世未能注意到潜在的安全风险，其受伤造成损害自身也存在过错，故段某世在本次事故中受到损害，应自行承担30%的责任。因石河子宾馆在本案中并不存在过错，故段某世要求石河子宾馆在本案中承担赔偿责任的诉讼请求，法院不予支持。因李某明系以刘某的名义指挥段某世从事劳务工作，系履行刘某安排工作任务，加之李某明的过错程度由刘某承担，故段某世要求李某明在本案中承担责任的诉讼请求，法院亦不予支持。

新疆维吾尔自治区石河子市人民法院依照《中华人民共和国侵权责任法》第六条、第三十五条，《最高人民法院关于审理人身损害赔偿案件适用法律若干问题的解释》第十一条、第十七条、第十八条、第十九条、第二十条、第二十一条、第二十二条、第二十三条、第二十五条、第二十六条、第二十八条，《最高人民法院关于确定民事侵权精神损害赔偿责任若干问题的解释》第十条第一款、第十一条，《最高人民法院关于审理建设工程施工合同纠纷案件适用法律问题的解释》第一条，《中华人民共和国民事诉讼法》第六十四条的规定，判决：

一、刘某赔偿段某世各项损失合计23910.79元，于本判决生效之日起十日内给付段某世；

二、天筑公司赔偿段某世各项损失合计46537.19元于本判决生效之日起十日内给付段某世；

三、驳回段某世要求石河子宾馆在本案中承担责任的诉讼请求；

四、驳回段某世要求李某明在本案中承担责任的诉讼请求。

天筑公司、刘某不服一审判决，提起上诉。

新疆生产建设兵团第八师中级人民法院经审理认为：关于段某世的人身损害是否系在天筑公司施工工地发生，天筑公司是否应承担赔偿责任的问题。石河子宾馆陈述事故发生于天筑公司承建的工地，天筑公司与石河子宾馆签订了《建设工程施工合同》，事故在天筑公司施工期间发生，故段某世的人身损害在天筑公司施工工地发生。天筑公司虽主张事故发生时，启程公司也进入涉案工地施工，但启程公司在事故发生时并未在该工地施工，原审判决承建方天筑公司承担责任正确。天筑公司的上诉理由缺乏事实和法律依据，法院不予支持。

关于刘某是否应承担段某世损害的赔偿责任的问题。刘某虽主张没有雇用段某世，其不应当承担赔偿责任。但刘某雇用段某世干活长达两年之久，段某世受伤后，李某明通知刘某处理事故，在段某世到医院后，刘某替段某世支付住院费。故原审认定刘某承担赔偿责任正确，刘某的上诉主张于法无据，法院不予支持。

综上所述，天筑公司、刘某的上诉请求均不能成立，应予驳回；一审判决认定事实清楚，适用法律正确，应予维持。

新疆生产建设兵团第八师中级人民法院依照《中华人民共和国民事诉讼法》

第一百六十九条第一款、第一百七十条第一款第一项规定，判决：

驳回上诉，维持原判。

【法官后语】

本案是一起雇员在从事雇主安排的工作中造成自身受伤而引起的一起提供劳务者责任纠纷案。

一、关于雇佣关系的法律规定及主要特征

《中华人民共和国民法典》第一千一百九十二条第一款规定："个人之间形成劳务关系，提供劳务一方因劳务造成他人损害的，由接受劳务一方承担侵权责任。接受劳务一方承担侵权责任后，可以向有故意或者重大过失的提供劳务一方追偿。提供劳务一方因劳务受到损害的，根据双方各自的过错承担相应的责任。"结合以上法律及司法实践进行分析，雇佣法律关系有以下主要特征：(1)雇佣法律关系是雇佣人与雇工之间依口头或书面的雇佣合同而形成的法律关系；(2)雇佣法律关系是由雇工提供劳务、雇佣人支付报酬的劳务法律关系；(3)雇佣法律关系是雇工以自身的技能为雇佣人完成劳务而形成的一种法律关系，雇工为雇佣人提供的是劳务，雇佣人为雇工支付劳务报酬；(4)在雇工提供劳务的过程中，雇工必须接受雇佣人的指示、监督。

二、本案中，雇员受害赔偿责任如何分担

根据上述法律之规定，雇员在雇佣活动中造成自身损害的，根据雇主与雇员之间各自的过错程度承担相应的责任。段某世为刘某雇佣的雇员从事简单的建筑劳务工作达两年之久，刘某委托李某明代为管理其承包的工程，并负责劳务人员工作的调配，那么，李某明也应为刘某雇佣的雇员。李某明代刘某管理过程中履行的职责来自刘某的授权，其在为完成刘某交给的工作任务过程中因过错造成段某世受伤，段某世只能要求雇主刘某承担赔偿责任，而不能找李某明赔偿，即便李某明在指挥段某世过程中具有一定过错，其原因是李某明受刘某雇佣在完成刘某安排的工作任务过程中产生的过错，该过错只能由雇主刘某根据李某明过错程度对雇用段某世造成的损失予以赔偿，除此之外，刘某对选任李某明作为代为工程劳务的指挥人具有选任上的过错。因此，刘某也应当在选任李某明过错范围内对李某明的损失负赔偿责任。当然作为段某世本人因违章操作而造成自身伤害，其也是具有一定过错的，也应当承担相应的责任。

三、关于天筑公司如何在本案中承担责任的问题

在审判实践中，有两种意见，第一种意见认为，由于天筑公司作为工程的承包人将工程部分分包给没有相应的安全生产条件的刘某，新疆建工集团有限公司对此是知情的，在刘某雇用雇员段某世等施工过程中，造成段某世受伤，天筑公司应当承担连带责任。第二种意见认为，考虑到受害人的权益应当及时得到保护按实际情况，法院在认定天筑公司承担连带责任的基础上，将段某世的损失按刘某与天筑公司的过错比例进行分配，这样更能有效地保护了受害人的合法权益。笔者采用第二种意见对本案进行了判决。

编写人：新疆维吾尔自治区石河子市人民法院　杜世成

四、雇主与其他被告、第三人之间的责任划分

26

提供劳务者受害责任纠纷案中的各方之间法律关系认定

——袁某刚诉诚信建业等提供劳务者受害责任案

【案件基本信息】

1. 裁判书字号

河北省迁安市人民法院（2019）冀 0283 民初 929 号民事判决书

2. 案由：提供劳务者受害责任纠纷

3. 当事人

原告：袁某刚

被告：诚信建业、闫某、袁某山

【基本案情】

闫某靠挂于诚信建业，并以诚信建业名义与中溶公司签订《中溶公司已二醇项目施工承包合同》，由诚信建业完成己二醇项目土建和钢结构及水暖电正负零下预埋工程施工。闫某系案涉工程的实际施工人。闫某将上述工程中的铺筛子工程经袁某刚介绍分包给袁某山，袁某山组织人员袁某刚等施工并现场指挥施工，2018 年 6 月 15 日袁某刚在未使用安全设备情况下从所实施工程的第二节平台掉落至第一节平台受伤。

袁某刚受伤后在迁安市人民医院住院治疗 2 天后转院至唐山市第二医院，住院

期间自2018年6月15日至2018年6月29日，经唐山市第二医院诊断：头外伤：头皮裂伤缝合术后；左侧多发肋骨骨折伴血胸；双肺挫伤；左手示指中节拇指末节骨折；左髋臼骨折；左股骨头坏死；左肩软组织损伤；颞顶骨骨折伴左额颞硬膜下积液及左颞极硬膜下血肿；胸4椎体压缩性骨折；左肩锁关节脱位；腰2～腰4左横突骨折；左侧髂骨骨折；左髋骨性关节炎，出院医嘱袁某刚出院一个月后门诊复查。袁某刚受伤期间系其妻子刘某仿护理。

经袁某刚申请法院依法对外委托鉴定，2019年6月21日天津市中慧物证司法鉴定所出具鉴定意见：1. 袁某刚外伤致左侧1～8肋骨骨折，为十级伤残；2. 袁某刚外伤致躯体其他部位损伤，不构成伤残；3. 袁某刚外伤后误工期为180日，护理期为60日，营养期为60日。

袁某刚因伤所产生的损失费用有：1. 医疗费33306.35元；2. 住院伙食补助费600元；3. 误工费11570.4元；4. 营养费2400元；5. 护理费3856.8元；6. 交通费1300元（酌定）（含转院救护车费900元）；7. 残疾赔偿金28062元；8. 伤残鉴定费2940元；9. 精神损害抚慰金5000元；10. 被扶养人生活费5691.5元；11. 复印病历费37元；12. 医疗器械及护理用品费用241元。以上损失费用合计95005.05元。

另查明，闫某垫付袁某刚医疗费9000元；袁某山垫付袁某刚医疗费8000元。袁某刚有二子，其中袁某虎系袁某刚次子，2010年12月15日出生，需袁某刚抚养。

【案件焦点】

袁某刚与袁某山、闫某、诚信建业法律关系认定。

【法院裁判要旨】

河北省迁安市人民法院经审理认为：

一、各方当事人之间的法律关系

1. 闫某与诚信建业之间的法律关系。闫某与诚信建业虽在庭审中均称由诚信建业承包了中溶公司的己二醇项目工程，闫某系项目负责人，但与闫某的调查笔录陈述不符，在调查笔录中闫某承认其借用诚信建业资质且为实际施工人，结合当事人陈述及实际履行过程，能够证明闫某系实际施工人，故闫某与诚信建业之间系挂靠关系。

2. 袁某刚与袁某山之间的法律关系。袁某山对其与袁某刚系合伙关系的主张未能提供充足证据予以证明，结合在施工过程中袁某山组织安排施工人员、现场负责指挥施工、负责分配工人工资以及袁某刚系经袁某山同意才到案涉工程进行施工且从事袁某山指示范围内工作，形成了一定的人身依附关系，故袁某刚与袁某山应认定系劳务关系。

3. 闫某与袁某山之间的法律关系。闫某通过袁某刚介绍将整个工程中的铺筛子片工程分包给袁某山，且袁某山以5000元的价格对该工程进行了承包，故闫某与袁某山之间为工程分包关系。

二、各方当事人的责任认定

1. 关于袁某刚与袁某山的责任认定。《中华人民共和国侵权责任法》第三十五条规定："个人之间形成劳务关系，提供劳务一方因劳务造成他人损害的，由接受劳务一方承担侵权责任。提供劳务一方因劳务自己受到损害的，根据双方各自的过错承担相应的责任。"袁某刚受雇到工地，在高空中从事劳务应充分认识到其从事的工作具有一定的风险，但其没有做足防范措施，以致从高处坠落受伤，自身存在过错，应自负20%责任。《中华人民共和国建筑法》第二十六条规定："承包建筑工程的单位应当持有依法取得的资质证书，并在其资质等级许可的业务范围内承揽工程。禁止建筑施工企业超越本企业资质等级许可的业务范围或者以任何形式用其他建筑施工企业的名义承揽工程。禁止建筑施工企业以任何形式允许其他单位或者个人使用本企业的资质证书、营业执照，以本企业的名义承揽工程。"案涉工程属于建设工程，取得相应资质的施工企业方可承包。袁某山在无相应资质，不具备安全生产条件的情况下承包工程，召集工人施工，对事故的发生具有重大过错，应负主要责任，对袁某刚的人身损害损失应承担80%的赔偿责任。

2. 关于闫某、诚信建业的责任认定。《最高人民法院关于审理人身损害赔偿案件适用法律若干问题的解释》第十一条第二款规定："雇员在从事雇佣活动中因安全生产事故遭受人身损害，发包人、分包人知道或者应当知道接受发包或者分包业务的雇主没有相应资质或者安全生产条件的，应当与雇主承担连带赔偿责任。"闫某违法借用诚信建业的资质承包案涉工程后，又将部分工程违法分包给同样无相应资质的袁某山，在施工中发生事故，造成袁某刚受伤，故闫某应与雇主袁某山承担连带赔偿责任；诚信建业明知闫某没有相应资质，却将资质出借给闫某承包工程，诚信建业与闫某承担同样的共同过错责任。故闫某、诚信建业、袁某山应对袁某刚损失的80%承担连带赔偿责任。闫某、诚信建业如认为支付超出自己应赔偿的数额，可依照《中华人民共和国侵权责任法》第十四条规定，另寻法律途径解决。

三、袁某刚因案涉事故所致损失

袁某刚认可袁某山垫付医疗费8000元，法院对此予以确认，袁某山主张其垫付袁某刚医疗费12000元，未提交证据予以证明其主张，故法院对袁某山垫付袁某刚医疗费12000元的主张不予采信。袁某刚主张的医疗费有相应证据予以证实，结合袁某刚受伤情况及治疗情况，法院对相应医疗费予以支持。袁某刚主张按照每天150元的标准计算误工费，未能提交相应证据，结合袁某刚的劳动能力及其系农村居民的情况，法院支持按照河北省2019年度道路交通事故人身损害赔偿相关数据农、林、牧、渔业职工工资即每天64.28元的标准计算误工费。袁某刚主张系其妻子刘某仿护理，未能提交证据证明刘某仿工作及收入情况，因刘某仿系农村居民，法院支持按照河北省2019年度道路交通事故人身损害赔偿标准中农、林、牧、渔业职工工资即每天64.28元的标准计算护理费。本案案涉事故造成袁某刚伤残，袁某刚受到了严重的精神损害，根据袁某刚伤残情况及本地相应经济水平等，法院酌定精神损害抚慰金为5000元。

河北省迁安市人民法院依照《中华人民共和国侵权责任法》第十四条、第十六条、第三十五条，《中华人民共和国建筑法》第二十六条，《最高人民法院关于审理人身损害赔偿案件适用法律若干问题的解释》第十一条第二款、第十七条第一款至第二款、第十八条、第十九条、第二十条、第二十一条、第二十二条、第二十三条第一款、第二十四条、第二十五条第一款、第二十八条、第三十五条，《最高人民法院关于民事诉讼证据的若干规定》第二条之规定，判决：

一、袁某山于本判决生效之日起十日内给付袁某刚医疗费、住院伙食补助费、误工费、营养费、护理费、交通费、残疾赔偿金、伤残鉴定费、精神抚慰金、被扶养人生活费等各项经济损失59004.04元；

二、闫某、诚信建业对上述判决第一项承担连带赔偿责任；

三、驳回袁某刚的其他诉讼请求。

【法官后语】

在建筑工地或者农村修缮房屋等过程中，由于工作条件的简陋，施工人员缺乏专业性、用工人员缺乏安全保障意识等，出现人身损害的情况时有发生。在基层法院审理的案件中，提供劳务者受害责任纠纷案件屡见不鲜，但是因为务工人员与用工人员等很少会制定书面的协议或签订合同，在发生纠纷后，当事人之间的法律关系认定成为审理难点。

在该类型案件中，首被告往往以召集人、个人合伙人等理由进行抗辩，在缺乏书面证据的情况下，应该结合双方在工作中的状态、所担任的工作等进行认定。关于是否形成个人劳务关系，可以从下列因素，结合案件具体情况予以认定：(1) 当事人之间是否存在控制、支配和从属关系；(2) 是否由一方指定工作场所、提供劳动工具或设备、限定工作时间；(3) 是定期给付报酬还是一次性结算报酬等。在提供劳务者受害责任纠纷案件中，被告一方有时会以自己系召集人进行抗辩，对于是否是召集人还是雇佣劳务者的人员也应该予以严格区分，以维护各方利益。关于召集人与用工人员的区分，应该考虑：(1) 雇佣关系是指受雇人向雇佣人提供劳务，雇用人支付相应报酬形成的权利义务关系；(2) 召集人受雇佣人委托召集其他施工人员共同从事雇佣工作，与其他施工人员同工同酬，为获取劳动报酬利润，应认定雇用人为雇主，召集人是为雇佣人提供劳务。关于个人合伙与个人劳务关系的认定应区分：(1) 劳务关系的一方按照劳动获取报酬，一方提供劳务，另一方支付报酬，没有额外收益或者承担额外风险。个人合伙双方系共担风险、共享收益；(2) 劳务关系一方在工作中受另一方控制、管理，存在工作中的隶属关系。个人合伙关系中双方对工作共同协商，合伙的经营活动由合伙人共同决定；(3) 合伙设立的基础为具有合伙协议，合伙协议可以是书面合伙协议，也可以是在具备合伙其他条件的同时又有两个以上无利害关系人证明的口头合伙协议。个人劳务关系看双方是否有书面或者口头雇佣合同，劳动力与报酬是否成为交易对价。

关于雇佣关系及个人劳务关系的区别联系、责任认定。《中华人民共和国民法典》第一千一百九十二条第一款规定："个人之间形成劳务关系，提供劳务一方因劳务造成他人损害的，由接受劳务一方承担侵权责任。接受劳务一方承担侵权责任后，可以向有故意或者重大过失的提供劳务一方追偿。提供劳务一方因劳务受到损害的，根据双方各自的过错承担相应的责任。"根据该款规定，接受劳务的一方承担的是过错责任，提供劳务一方根据自身过错对自己的行为负责。雇佣关系与个人劳务关系在本案类似案例中，应该认为含义是无实质差别的，只是在不同语境中的内涵和外延有所不同。依据现有相关的法律规定，该类似案件中应该这样理解：如果提供劳务一方因故意或重大过失致自己受到伤害，则可以免除或者减轻接受劳务一方的赔偿责任，更符合法律的公平原则。

编写人：河北省迁安市人民法院　王小飞

27

提供劳务者受害案各方责任的梳理

——何某光诉某装饰中心等提供劳务者受害责任案

【案件基本信息】

1. 裁判书字号

山东省五莲县人民法院（2019）鲁1121民初746号民事判决书

2. 案由：提供劳务者受害责任纠纷

3. 当事人

原告：何某光

被告：五征集团、某装饰中心、何某坤

【基本案情】

2018年4月13日，五征集团与某装饰中心签订建筑装饰工程施工合同，将加工西区土建零活承包给某装饰中心。某装饰中心让何某坤联系何某光等前去施工，2018年7月17日，何某春、何某光等到达五征集团厂区施工，在拆除焊接车间卷帘门过程中，卷帘门突然坠落，致使何某春与何某光受伤。何某光、何某春与何某坤系同村村民，施工时，由某装饰中心现场指挥并记录工时，某装饰中心按照每人每天130元定期与何某坤进行结算，何某坤领取劳务费后再按照大工130元、小工110~120元与施工人员进行结算。案发时，何某坤未到现场，某装饰中心具体安排何某春和何某光进行施工。

【案件焦点】

提供劳务者受害案中发包方、承包方等各方人员之间的法律关系、应承担责任。

【法院裁判要旨】

山东省五莲县人民法院经审理认为：劳务关系是指根据当事人的约定，一方于一定或不定的期限内为另一方提供劳务，接受劳务一方支付报酬的合同关系。如果当事人之间存在控制、支配和从属关系，由接受劳务一方指定工作场所、提供劳动工具或设备、限定工作时间，定期给付劳动报酬，所提供的劳务是接受劳务一方生产经营活动的组成部分的，可以认定为劳务合同关系。本案中，何某光等施工时，由某装饰中心现场指挥安排并记录工时，何某光系为某装饰中心提供劳务，劳务报酬虽由某装饰中心统一支付给何某坤，何某坤再按照不同工种予以发放，在发放时何某坤对小工扣留了部分劳务费，但现有证据不足以认定何某坤与何某光等存在劳务关系，何某光与某装饰中心符合劳务关系的特征，何某光是提供劳务方，某装饰中心系接受劳务方。根据《中华人民共和国侵权责任法》第三十五条“个人之间形成劳务关系，提供劳务一方因劳务造成他人损害的，由接受劳务一方承担侵权责任。提供劳务一方因劳务自己受到损害的，根据双方各自的过错承担相应的责任”之规定，何某光在为某装饰中心提供劳务过程中受伤，某装饰中心应当承担侵权责任，同时，何某光施工时应当意识到拆除卷帘门的危险性而疏于防范，自身应承担一定的责任，根据本案案情，酌情由某装饰中心承担70%的赔偿责任，何某坤并非接受劳务方，不需承担赔偿责任。涉案钢结构厂房门口改造，不需要相应工程施工资质，且工程已经发包给某装饰中心，根据《最高人民法院关于审理人身损害赔偿案件适用法律若干问题的解释》第十条“承揽人在完成工作过程中对第三人造成损害或者造成自身损害的，定作人不承担赔偿责任。但定作人对定作、指示或者选任存有过失的，应当承担相应的赔偿责任”之规定，五征集团不存在指示、选任过失，不需承担赔偿责任。

山东省五莲县人民法院依照《中华人民共和国侵权责任法》第二十二条、第三十五条，《最高人民法院关于审理人身损害赔偿案件适用法律若干问题的解释》第十条、第十七条规定，判决：

一、某装饰中心赔偿何某光因受伤造成的医疗费、护理费、营养费、住院伙食补助费、伤残赔偿金、误工费、交通费等损失131401.17元，于本判决生效后起十日内付清；

二、某装饰中心给付何某光精神损害赔偿金6000元，于本判决生效后起十日内付清；

三、驳回何某光的其他诉讼请求。

【法官后语】

随着当前经济社会的发展，尤其是劳务市场得到了长足发展，社会实践中存在大量个人之间提供与接受劳务的行为，而在劳务市场繁荣发展的背后，也普遍存在着设施不健全、安全保障措施少，提供劳务者对安全劳动的意识较差，接受劳务者疏于管理等问题，这些问题也直接导致了提供劳务者受害案件的高发，而在这些案件当中，接受劳务者主体不明确、资质不健全等问题也频频发生，为该类案件的审理也带来了诸多困扰。

依据《中华人民共和国民法典》第一千一百九十二条第一款“个人之间形成劳务关系，提供劳务一方因劳务造成他人损害的，由接受劳务一方承担侵权责任。接受劳务一方承担侵权责任后，可以向有故意或者重大过失的提供劳务一方追偿。提供劳务一方因劳务受到损害的，根据双方各自的过错承担相应的责任”的规定，该类案件首先应认定双方是否存在有效的劳务关系。劳务关系是指根据当事人的约定，一方于一定或不定的期限内为另一方提供劳务，接受劳务一方支付报酬的合同关系。在劳务合同履行过程中，不管因提供劳务原因受到损害，还是在提供劳务期间因第三人侵权而造成损害，均需要证明其受伤与提供劳务存在因果关系且接受劳务方存在过错。本案中，某装饰中心通过何某坤向何某光等购买劳务，在履行过程中发生事故致何某光受到损害，但何某光施工时应当意识到拆除卷帘门的危险性而疏于防范，自身应承担一定的责任，因此接受劳务者即某装饰中心应承担损害的主要责任。另一被告何某坤虽然是由其直接向何某光等发放工资，且对小工扣留了部分劳务费，但现有证据不足以认定何某坤与何某光等存在劳务关系，故不承担责任。

根据2003年《最高人民法院关于审理人身损害赔偿案件适用法律若干问题的解释》第十条“承揽人在完成工作过程中对第三人造成损害或者造成自身损害的，定作人不承担赔偿责任。但定作人对定作、指示或者选任存有过失的，应当承担相应的赔偿责任”的规定，因涉案钢结构厂房门口改造工程不需要相应工程施工资质，故五征集团作为涉案工程的发包方，不存在指示、选任过失，不需承担赔偿责任。

编写人：山东省五莲县人民法院　孙涛

28

多重法律关系下提供劳务者受害责任的认定及处理

——夏某芬、梁某平诉黄某文、仁某新提供劳务者受害责任案

【案件基本信息】

1. 裁判书字号

云南省昆明市中级人民法院（2019）云01民终293号民事判决书

2. 案由：提供劳务者受害责任纠纷

3. 当事人

原告（上诉人）：夏某芬

被告（上诉人）：梁某平

被告（被上诉人）：黄某文、仁某新

【基本案情】

梁某平与仁某新于2017年2月10日签订《建房工程协议》，约定梁某平以包工包料的方式将其位于八街街道办事处小龙潭村的三层住房施工工程发包给仁某新。之后，仁某新又将砌砖工程分包给黄某文，黄某文又雇用夏某芬提砂浆。2017年5月7日，夏某芬在提砂浆过程中从房屋三层上跌落受伤，先后被送往安宁市人民医院、成都军区昆明总医院、昆明广福老年病医院住院治疗。产生医疗费

181117.18元，其中，黄某文支付12919.20元、仁某新支付40000元。夏某芬在住院及出院期间需专人护理，并加强营养。夏某芬的损伤经鉴定为三处十级伤残、一处八级伤残，需后期治疗费36000元。

【案件焦点】

1. 本案各方当事人间法律关系是什么；2. 夏某芬所主张的各项损失是否有事实和法律依据。

【法院裁判要旨】

云南省安宁市人民法院经审理认为：本案双方当事人之间形成以下法律关系：1. 仁某新按照梁某平的指示、要求完成农村自建住房建设，仁某新与梁某平形成承揽关系。2. 仁某新将其承接的农村自建房工程的砌砖工作又分包给黄某文完成，仁某新与黄某文形成分包关系。3. 夏某芬按照黄某文的指示工作，报酬由黄某文支付，夏某芬与黄某文形成雇佣关系。本案中，夏某芬在从事黄某文安排的工作中受伤，黄某文作为雇主对夏某芬的损伤应承担赔偿责任。仁某新将其承接的工作分包给没有安全生产条件的黄某文，对夏某芬的损伤仁某新应与黄某文承担连带赔偿责任。梁某平将其农村自建房屋交由不具备安全生产条件的仁某新完成，其在选任承揽人过程中存在一定过失，对夏某芬造成的损伤，梁某平亦应承担相应的赔偿责任。梁某平与仁某新虽在《建房工程协议》中约定，发生安全事故由仁某新自行处理，双方的约定只能约束梁某平与仁某新，并不能对抗协议以外的当事人。夏某芬应知在高处作业的危险性，在未采取任何安全防护措施的情况下随意爬上三层楼高的房屋做工，对其损伤夏某芬自身存在疏忽大意的过失，故应减轻黄某文、仁某新的赔偿责任。针对夏某芬主张的各项费用，法院分析认定如下：1. 医疗费：夏某芬在住院期间由医疗机构出具的票据、药店收款收据、献血互助收据，有诊断证明印证且与本案有关联性的费用为181117.18元。2. 住院伙食补助费：夏某芬因本案住院治疗82天，住院伙食补助费为8200元。3. 护理费：法院参照住院地护工从事同等级别护理的劳务报酬标准，按180元/天予以考虑，夏某芬因本案住院82天，护理费合计14760元。4. 误工费：一审法院参照2017年云南省农、林、牧、渔业在岗职工工资160.73元/天，夏某芬误工期限可从事发之日2017年5月7日计算至定残前一日2017年12月7日，共计215天，误工费合计34556.95元。5. 残疾赔偿金：夏某芬为城镇居民，伤残等级为一处八级、三处十级，残疾赔偿金为204573.60元。6. 被抚养人生活费：夏某芬未提交其丧失或部分丧失劳动能力的证明，对其主张的该项费用，法院不予支持。7. 后期治疗费：夏某芬提交了鉴定机构出具的鉴定意见，夏某芬需后期治疗费36000元，法院予以确认。8. 精神抚慰金：根据夏某芬的损伤情况，法院酌情支持3000元。9. 营养费：夏某芬提交医疗机构建议加强营养的医嘱，根据夏某芬的伤残情况，法院酌情认定为50元/天，夏某芬因本案住院82天，营养费为4100元。10. 交通费、餐费：根据夏某芬的住院天数及地点，对其主张的交通费法院酌情支持3000元。

云南省安宁市人民法院依照《中华人民共和国民法总则》第一百七十九条，《最高人民法院关于审理人身损害赔偿案件适用法律若干问题的解释》第十条、第十一条，《中华人民共和国民事诉讼法》第六十四条第一款之规定，判决：

一、由黄某文于本判决生效后十日内赔偿夏某芬经济损失489307.73元的60%，即293584.64元。扣除黄某文已支付的12919.20元、仁某新已支付的40000元，实际还应支付240665.44元。由仁某新对上述款项承担连带赔偿责任；

二、由梁某平于本判决生效后十日内连带赔偿夏某芬经济损失489307.73元的20%，即97861.55元；

三、驳回夏某芬的其他诉讼请求。

夏某芬、夏某平不服一审判决，提起上诉。

云南省昆明市中级人民法院经审理认为：首先，根据梁某平向八街街道城镇规划建设服务中心提交的《拆旧建房申请》所载明的内容，其在本案中建盖的为三层房屋，根据《建设部关于加强村镇建设工程质量安全管理的若干意见》第三条第一款“对于建制镇、集镇规划区内的所有公共建筑工程、居民自建两层（不含两层）以上、以及其它建设工程投资额在30万元以上或者建筑面积在300平方米以上的所有村镇建设工程、村庄建设规划范围内的学校、幼儿园、卫生院等公共建筑（以下称限额以上工程），应严格按照国家有关法律、法规和工程建设强制性标准实施监督管理”之规定，该房屋的建盖属于建设工程施工。本案中，梁某平与仁某新签订的《建房工程协议》的性质为建设工程施工合同，梁某平系发包人，仁某新系承包人。建设工程需要由具有施工资质的企业施工，根据查明的案件事实，梁某平将工程发包给无施工资质的仁某新，仁某新又将工程分包给没有施工资质的黄某文，黄某文雇用夏某芬进行施工，夏某芬在提砂浆时从未设置任何安全措施的房屋三层跌落受到人身伤害，即本案事故的发生系雇主安排雇员在未设置防护措施、不具备安全生产条件的施工现场施工所致，根据《最高人民法院关于审理人身损害赔偿案件适用法律若干问题的解释》第十一条第二款“雇员在从事雇佣活动中因安全生产事故遭受人身损害，发包人、分包人知道或者应当知道接受发包或者分包业务的雇主没有相应资质或者安全生产条件的，应当与雇主承担连带赔偿责任”之规定，梁某平、仁某新、黄某文在本案中应连带承担80%的赔偿责任。夏某芬明知施工现场无防护措施仍在高空进行作业，未尽到谨慎注意的义务，应自行承担20%的损失。

对于夏某芬的各项损失，法院认定如下：1. 医疗费：一审法院判决医疗费用为181117.18元并无不当，法院予以确认。2. 误工费：夏某芬在工地的工作为提砂浆，无须具备建筑专业技能，夏某芬也未提交证据证实其近三年的收入情况，故一审法院参照2017年云南省农、林、牧、渔业在岗职工工资计算其误工费并无不当，法院予以确认。夏某芬关于误工费应按照2017年建筑业在岗职工年平均工资计算的上诉请求不成立，法院不予支持。3. 被抚养人生活费：夏某芬的儿子胡某某为二级残疾人，丧失劳动能力，需要由父母抚养，梁某平、仁某新、黄某文应赔偿被抚养人生活费。考虑到夏某芬受伤时已经51岁，法院酌情支持五年的被抚养人生活费。本案的被抚养人生活费为17604元。4. 交通费：一审法院根据夏某芬住院天数及地点，酌情支持3000元交通费并无不当，法院予以维持。5. 精神抚慰金：一审法院判决支持夏某芬精神抚慰金3000元并无不当，法院予以维持。6. 对一审判决确认的其他损失，各方当事人均无异议，法院予以确认。综上所述，夏某芬因本案产生的损失共计506911.73元。该损失由梁某平、仁某新、黄某文连带赔偿80%，即405529.40元。

云南省昆明市中级人民法院依据《最高人民法院关于审理人身损害赔偿案件适用法律若干问题的解释》第十一条第二款、第十七条、第二十条第三款、第二十八条、第三十六条，《关于加强村镇建设工程质量安全管理的若干意见》第三条第一款，《中华人民共和国民事诉讼法》第一百七十条第一款第二项之规定，判决：

一、撤销云南省安宁市人民法院（2018）云0181民初1475号民事判决；

二、由梁某平、仁某新、黄某文于本判决生效后十日内连带赔偿夏某芬损失

405529.40元；

三、驳回夏某芬的其他诉讼请求。

【法官后语】

在提供劳务者受害责任纠纷中，往往贯穿着多重民事法律关系，只有在准确把握各个当事人之间法律关系的基础上，才能确定各方当事人的法律责任。此类案件的处理通常要注意以下问题：

一、劳务关系、承揽关系、建设工程施工合同关系项下对提供劳务者受害的承担责任的主体、赔偿责任轻重以及举证责任分配均不相同

劳务关系中，提供劳务者因雇佣活动遭受人身损害，接受劳务者（雇主）应当承担赔偿责任，该赔偿责任为过错责任，雇主的责任应与其过错相适应。建设工程合同关系中的雇主责任与劳务关系中的雇主责任相近，亦为过错责任，但同时，若发包人、分包人知道或应当知道接受发包或者分包业务的雇主没有相应资质或者安全生产条件的，亦应与雇主承担连带赔偿责任，此时的赔偿义务人范围更广，对赔偿权利人来说，其权利实现的保障更为充分。而承揽关系中定作人责任最轻，其对承揽人因承揽工作受害事故不承担赔偿责任，除非承揽人能够举证证明定作人对定作、指示或者选任存在过失时，定作人方承担与其过错相应的赔偿责任。由此可以看出，在雇员受害责任纠纷案件中，建设工程合同关系项下赔偿主体范围最广，已突破了劳务关系内部的相对性，发包人、分包人在一定情形下也需与雇主一并承担连带赔偿责任。而承揽关系中的定作人责任最轻，其仅就定作、指示、选任过失承担过错责任。

二、在劳务关系与建设工程合同关系、承揽关系并存的情况下，因承揽关系对提供劳务一方的保护最弱，应审慎认定承揽关系

本案一、二审分歧在于两审法院对房主及包工头之间法律关系的认定不同，一审法院认为梁某平与仁某新之间系承揽关系，同时又认定仁某新与黄某文系分包关系，在此基础上判决仁某新与黄某文对夏某芬的损失承担连带赔偿责任，梁某平承担20%的赔偿责任，上述责任划分存在不妥之处。《中华人民共和国建筑法》第八十三条第三款规定："抢险救灾及其他临时性房屋建筑和农民自建低层住宅的建筑活动，不适用本法。"《建设部关于加强村镇建设工程质量安全管理的若干意见》

第三条第一款规定："对于建制镇、集镇规划区内的所有公共建筑工程、居民自建两层（不含两层）以上、以及其它建设工程投资额在30万元以上或者建筑面积在300平方米以上的所有村镇建设工程、村庄建设规划范围内的学校、幼儿园、卫生院等公共建筑（以下称限额以上工程），应严格按照国家有关法律、法规和工程建设强制性标准实施监督管理。"《建设部关于加强农民住房建设技术服务和管理的通知》第六条规定："三层（含三层）以上的农民住房建设管理要严格执行《建筑法》、《建设工程质量管理条例》等法律法规的有关规定。"本案中，梁某平将三层楼的房屋交由仁某新施工，根据上述法律规定，此类工程应严格按照《中华人民共和国建筑法》的规定执行，即梁某平应将工程发包给有施工资质的建筑单位，梁某平明知仁某新没有施工资质，仍将工程发包给仁某新，仁某新又将部分工程分包给黄某文，根据《最高人民法院关于审理人身损害赔偿案件适用法律若干问题的解释》第十一条第二款"雇员在从事雇佣活动中因安全生产事故遭受人身损害，发包人、分包人知道或者应当知道接受发包或者分包业务的雇主没有相应资质或者安全生产条件的，应当与雇主承担连带赔偿责任"之规定，其三人在本案中对夏某芬的人身损害应承担连带赔偿责任。需要说明的是，在劳务关系与建设工程合同关系、承揽关系并存的情况下，因承揽关系对提供劳务一方的保护最弱，应审慎认定承揽关系。要立足案件事实进行寻法作业，准确适用《中华人民共和国民法典》《最高人民法院关于审理人身损害赔偿案件适用法律若干问题的解释》及与涉案劳务相关的行业法规如《中华人民共和国建筑法》《中华人民共和国安全生产法》等法律法规，根据"特别法优于一般法"的原则，非经排除双方系建设工程合同关系的可能性，不轻易认定为承揽合同。当然，如经审查合同内容、标的性质等要素能够认定双方确为承揽合同关系的，即应按照承揽关系处理。

三、注意保护提供劳务一方的权益，在划分过错责任时对提供劳务一方的注意义务不应过分苛责

因提供劳务方往往处于劳务关系中的弱势地位，在工作条件、安全生产保障、劳务报酬等问题上欠缺话语权，本着保护劳务者权益、兼顾公平原则，对提供劳务一方的过错认定应以必要的注意义务为限，确实未尽到必要注意义务的方达到过错认定基准。

编写人：云南省昆明市中级人民法院　朱欢　仝倩华

29

承揽合同中定作人选任过失责任

——陈某春等诉陈某淦等提供劳务受害责任案

【案件基本信息】

1. 裁判书字号

福建省泉州市中级人民法院（2019）闽05民终第4301号民事判决书

2. 案由：提供劳务者受害责任纠纷

3. 当事人

原告（被上诉人）：陈某春、林某赛、刘某珍、林某成、林某荣

被告（被上诉人）：陈某淦、林某定

被告（上诉人）：易某申

【基本案情】

2018年8月，易某申以10000元的价格将安溪县魁斗镇佛仔格村古内×号自建房的彩板搭建工程以包工包料的方式口头承包给陈某淦。陈某淦又口头将该工程中的施工部分转包给林某定。2018年9月12日，林某定雇请林某锻等到安溪县魁斗镇佛仔格村为易某申的自建房搭建彩板。2018年9月13日，林某定指示林某锻一人为案涉工程做收尾工作。当日，林某锻一人到安溪县魁斗镇佛仔格村易某申的自建房做收尾工作。施工过程中，林某锻遭到电击死亡。事故发生后，易某申、陈某淦各支付给林某锻家属40000元、40000元。2018年11月13日，林某定申请对林某锻死亡的具体原因进行鉴定。法院依法委托福建天泽司法鉴定所进行司法鉴定。2019年2月25日，福建天泽司法鉴定所出具司法鉴定意见书：根据法医病理解剖及组织病理学检验，结合送检材料及毒（药）物检验结果，林某锻符合电击死亡。为此，陈某春等支付鉴定费19500元。

另查，林某锻共有兄弟姐妹三人（林某锻、林某石、林某梅）；林某锻父亲林

某赛生于1954年6月，母亲刘某珍生于1956年4月；林某锻与妻子陈某春于2004年12月生育婚生子林某成，于2013年11月生育婚生子林某荣。2018年福建省统计局公布的农村居民人均可支配收入17821元/年、农村居民人均年生活消费支出14943元/年。

【案件焦点】

1. 陈某淦、林某定与林某锻三者之间是何种法律关系；2. 陈某淦、林某定和易某申是否应当对林某锻的死亡承担赔偿责任，若陈某淦、林某定和易某申应当承担责任，各自应承担的份额；3. 陈某春等请求的赔偿项目是否符合法律规定。

【法院裁判要旨】

福建省安溪县人民法院经审理认为：死者林某锻作为一个完全民事行为能力人，在做案涉工程收尾工作时应做到高度谨慎注意义务。但其在施工过程中，疏忽大意致使自身被电击死亡，对此，死者林某锻本人存在过错，应自行承担相应的民事责任。林某锻系在林某定指示下为易某申做案涉工程收尾工作，该劳务行为不为法律所禁止。因此，应认定林某定与林某锻之间形成了事实上的雇佣合同关系。林某定作为雇主，未能提供充分安全劳动条件、采取安全防护措施，其存在过错，应承担相应的民事赔偿责任。建设工程施工应当取得相应的执业资格，《最高人民法院关于审理人身损害赔偿案件适用法律若干问题的解释》第十条规定："承揽人在完成工作过程中对第三人造成损害或者造成自身损害的，定作人不承担赔偿责任。但定作人对定作、指示或者选任有过失的，应当承担相应的赔偿责任。"本案中，易某申与陈某淦之间形成了承揽合同关系，易某申作为定作人将搭建彩板工作承揽给没有相应执业资格的陈某淦，在选任上存在一定的过失。第二次开庭，易某申经法院传票传唤，无正当理由拒不到庭参加诉讼，法院依法缺席审理和判决。

福建省安溪县人民法院依照《中华人民共和国侵权责任法》第三条、第六条第一款、第十五条第一款第六项、第十六条、第十八条、第二十六条、第三十五条，《最高人民法院关于审理人身损害赔偿案件适用法律若干问题的解释》第十条、第十一条、第十七条第三款、第十八条、第二十七条、第二十八条、第二十九条、第三十五条，《最高人民法院关于确定民事侵权精神损害赔偿责任若干问题的解释》第七条、第九条、第十条，《中华人民共和国民事诉讼法》第一百四十四条及《最高人民法院关于适用〈中华人民共和国民事诉讼法〉的解释》第九十条规定，判决：

一、林某定应赔偿陈某春、林某赛、刘某珍、林某成、林某荣因林某锻死亡造成的各项损失计共212577元，款项限于本判决生效之日起十日内支付；

二、易某申应赔偿陈某春、林某赛、刘某珍、林某成、林某荣因林某锻死亡造成的各项损失计共172577元，款项限于本判决生效之日起十日内支付；

三、陈某淦应赔偿陈某春、林某赛、刘某珍、林某成、林某荣因林某锻死亡造成的各项损失计共101718元，款项限于本判决生效之日起十日内支付；

四、驳回陈某春、林某赛、刘某珍、林某成、林某荣的其他诉讼请求。

易某申不服一审判决，提起上诉。

福建省泉州市中级人民法院经审理同意一审法院裁判意见，依照《中华人民共和国民事诉讼法》第一百七十条第一款第一项规定，判决：

驳回上诉，维持原判。

【法官后语】

《中华人民共和国民法典》第一千一百九十三条规定："承揽人在完成工作过程中造成第三人损害或者自己损害的，定作人不承担侵权责任。但是，定作人对定作、指示或者选任有过错的，应当承担相应的责任。"也就是说，在承揽合同中，发生人身损害由承揽人承担责任为一般原则，定作人承担相应责任为例外。定作人是否承担赔偿责任在于其是否具有定作、指示或者选任中的过失。

一、定作人选任过失责任的构成要件

（一）须定作、指示或选任有过失

所谓定作过失，是指定作人委托加工、制作的定作事项本身具有高度的危险性或不法性。例如，未经相关部门许可违法挖掘管道或定作人明知承揽事项存在危险，却不告知承揽人的，定作事项本身虽不违法，但有侵害他人合法权益的危险。所谓指示过失，是指定作人对承揽人在定作物的制作方法上或其他具体承揽行为上所作出的指示存有明显的过失。例如，命令司机在市区高速行驶或指令驾驶员强闯红灯等。所谓选任过失，是指定作人明知或应当知道承揽人不具备完成承揽事项或工作的资格及能力，仍将定作物或定作事项交给承揽人去实施。例如，明知承揽人无高空特种作业操作资质，仍将定作事项交给承揽人。

（二）须有承揽人因执行承揽事项所为之侵权行为

承揽人在执行承揽事项时，侵害了第三人的民事权利或造成自身损害，且符合一般侵权的客观要件，则将发生定作人指示过失责任。如果承揽人实施的是非定作人委托的事项，不发生所谓的定作人指示过失责任。对于承揽人在执行承揽事项时，侵害第三人的民事权利，承揽人的行为如有故意、过失，而定作人定作或指示亦有过失，则系共同侵权行为，应当各负其责。

（三）须损害的发生与定作人的过失有因果关系

定作人的定作、指示虽有过失，但承揽人并未依照定作人的定作、指示执行承揽事务，即使发生了侵害第三人民事权利或造成自身损害的情形，定作人对此亦不负责任。

二、定作人选任过失责任的归责原则

关于定作人过失责任的归责原则，主要有以下几种观点：第一，适用过错责任原则。受害人必须举证证明定作人具有过错，而定作人才能承担相应的责任。第二，适用过错推定责任原则。由定作人承担自己没有过错的举证证明责任，如果定作人不能举证证明或者证明不充分，则推定其存在过错成立。笔者认为，当定作人独立承担责任时，其定作、指示或选任的过失，应由受害人负举证责任；在共同承担责任时，解释上亦应由受害人负证明之责。但是，定作人原本不负雇主的责任，只是在自己有过失的特殊情况下，才承担替代责任，为此，定作人证明自己无过失的，应当免除其赔偿责任。因此对于定作人指示、定作或选任存有过失，受害人负有举证责任，此点与雇佣人须就其无过失举证有所不同，所以雇佣人原则上应负责，例外不负责，定作人原则上不负责，例外才负责。

三、对本案的分析

在本案中，易某申与陈某淦之间形成了承揽合同关系，易某申将搭建彩板工作交由没有相应执业资格的陈某淦，陈某淦又将搭建彩板工作交由没有相应执业资格的林某定承揽，易某申、陈某淦作为定作人在选任上均存在一定的过失，易某申作为房屋的所有权人和工作场所的提供人，未尽到对危险行为的提醒、有效制止义务。雇主林某定未能给林某锻提供必要的安全保护措施，违反了合同履行中所应承担的相应附随义务。一审法院、二审法院准确判断法律关系，准确理解定作人过失责任的概念，从定作人过失责任的确认和处理两个方面把握，确定本案四方当事人各自责任，适用法律正确，责任比例分配合理。

编写人：福建省安溪县人民法院　梁文农　苏明坡

30

定作人选任承揽人有过失致雇员受害应承担相应赔偿责任

——胥某娥等诉洪某喜、马某登提供劳务者受害责任案

【案件基本信息】

1. 裁判书字号

云南省曲靖市中级人民法院（2019）云03民终2743号民事判决书

2. 案由：提供劳务者受害责任纠纷

3. 当事人

原告（上诉人）：胥某娥、张某、张某豪

被告（上诉人）：洪某喜

被告（被上诉人）：马某登

【基本案情】

2019年4月，马某登与洪某喜经协商约定，由洪某喜承揽马某登坐落于曲靖市沾益区西平街道龙华北路火车站职工住宿区×幢×单元×号房屋卫生间的改造工程。4月26日，洪某喜委托其侄子李某林雇用张某三从事该工程的外墙管道安装。4月27日早上，张某三按照约定自带工具到马某登住所楼下，与洪某喜会合后一起上楼做工，从楼顶吊绳下降过程中坠落，经送往曲靖市沾益区人民医院抢救，于当日早10时经抢救无效死亡。洪某喜支付了张某三抢救费用415元、殡葬服务预付款9396元，与胥某娥等达成赔偿协议，即由洪某喜一次性赔偿张某三丧葬费用56000元，洪某喜于4月30日按约定赔偿了该笔费用。另查明，胥某娥系张某三之妻，张某三与胥某娥共生育二个子女，即张某、张某豪。

【案件焦点】

1. 马某登是否应对死者承担赔偿责任；2. 胥某娥等主张的精神损害抚慰金是否应当支持；3. 如何保护打零工农民工的合法权益。

【法院裁判要旨】

云南省曲靖市沾益区人民法院经审理认为：马某登将其住房卫生间改造工程交由洪某喜完成，双方已形成承揽关系，马某登为定作人，洪某喜为承揽人。洪某喜在完成工作过程中雇用张某三为其工作，张某三与其属雇佣关系。受害人张某三在雇佣活动中从高处坠楼身亡，洪某喜作为雇主应当承担赔偿责任；马某登明知其卫生间改造需高空作业，在将工作交由洪某喜完成时，未对洪某喜是否具有高空作业资质进行审查，马某登具有选任过失，因此也应承担相应的赔偿责任。胥某娥等要求洪某喜、马某登承担赔偿责任的理由成立，法院予以支持。马某登辩称与洪某喜之间仅存在承揽关系，其没有选任过失，不承担赔偿责任的理由不成立，法院不予支持。对胥某娥等主张的处理丧事人员误工伙食费和交通费，经庭审查明，洪某喜与胥某娥等于2019年4月30日就丧葬费用达成协议并已赔偿，胥某娥等在其出具给洪某喜的收条上明确表示不再向洪某喜主张任何丧葬费用，故胥某娥等主张的该两项费用理由不成立，法院不予支持。对胥某娥等主张的精神抚慰金，因受害人张某三在从事雇员活动时，没有做到系好腰绳、检查绳索等安全保护工作，其对自身坠落也有一定过错，故对胥某娥等主张的精神抚慰金不予支持。对洪某喜主张其在事故发生后支付的医疗费和殡葬服务预付金应计算至赔偿款内，因胥某娥并未主张医疗费用，且殡葬服务预付金亦属丧葬费用，洪某喜支付该费用发生在其与胥某娥就丧葬费用达成协议之前，故法院对洪某喜的该项主张不予支持。故胥某娥主张的经济损失依法认定为：死亡赔偿金238167.50元（其中包含死亡赔偿金215360元和被抚养人生活费22807.50元）。鉴于受害人张某三对其从高空坠落导致死亡负有一定过错，因此应当适当减轻洪某喜、马某登30%的赔偿责任，胥某娥等的经济损失应由洪某喜、马某登承担70%，即166717.25元。

云南省曲靖市沾益区人民法院依照《中华人民共和国侵权责任法》第六条、第十六条、第二十六条，《最高人民法院关于审理人身损害赔偿案件适用法律若干问题的解释》第十条、第十一条之规定，判决：

一、由洪某喜于判决生效之日起十日内赔偿胥某娥、张某、张某豪经济损失

166717.25元的80%，即133373.80元（不含已支付的65811元）。

二、由马某登于判决生效之日起十日内赔偿胥某娥、张某、张某豪经济损失166717.25元的20%，即33343.45元。

三、驳回胥某娥、张某、张某豪的其他诉讼请求。

胥某娥、张某、张某豪、洪某喜不服一审判决，提起上诉。

云南省曲靖市中级人民法院经审理认为：根据我国法律的相关规定，确定精神抚慰金应考虑的因素有：侵权人的过错程度、侵害手段、场合、行为方式等具体情节，侵权行为所造成的后果，侵权的获利情况，侵权人承担责任的经济能力等因素予以确定。故本案原审判决根据本案发生的原因、事实经过、双方当事人的过错程度及洪某喜的经济能力等因素，充分考虑本案的实际情况，对胥某娥、张某、张某豪所诉精神抚慰金不予支持符合本案事实，并无不当，胥某娥、张某、张某豪上诉认为应支持精神抚慰金的理由不能成立。对双方当事人的责任划分是否恰当问题及洪某喜、马某登是否应当承担连带责任的问题。根据一审庭审胥某娥、张某、张某豪申请出庭证人证言及其他证据，原审判决认定受害人张某三对其自身坠落后抢救无效死亡有一定过错，有事实依据；根据其过错程度，判决其承担与其过错相适应的责任，亦符合法律规定。根据《中华人民共和国侵权责任法》规定，二人以上共同实施侵权行为，造成他人损害的，应当承担连带赔偿责任。原审判决对本案马某登与洪某喜与受害人张某三之间的法律关系的认定符合本案事实及法律相关规定，故胥某娥、张某、张某豪认为本案应当由马某登与洪某喜承担连带赔偿责任的理由，与本案事实及法律规定不符，亦不能成立。

云南省曲靖市中级人民法院依照《中华人民共和国民事诉讼法》第一百七十条第一款第一项之规定，判决：

驳回上诉，维持原判。

【法官后语】

随着经济社会的不断发展，人民群众对居住环境也有了更高的要求，农民工成为建房、改造、装修的“主力军”，其中有受雇于如建筑工程公司、装饰装修公司等固定用工单位的，更多的是“打零工”的农民工，他们没有相对固定的用工单位，工作条件简陋，安全措施更是少之又少，更令人担忧的是，他们没有投保工伤保险、人身意外险等保险，这种做法和现象还很普遍，一旦发生事故，后果不堪设想。

如本案中的张某三，就属长期从事“打零工”的农民工，他不定期、不固定地受雇于他人，即与个人形成劳务关系。根据《中华人民共和国民法典》第一千一百九十二条第一款规定：“个人之间形成劳务关系，提供劳务一方因劳务造成他人损害的，由接受劳务一方承担侵权责任。接受劳务一方承担侵权责任后，可以向有故意或者重大过失的提供劳务一方追偿。提供劳务一方因劳务受到损害的，根据双方各自的过错承担相应的责任。”因此，洪某喜作为张某三的雇主，对张某三在从事雇佣活动中坠亡应当承担赔偿责任。而马某登将改造卫生间的工程交由洪某喜完成，两人之间形成的是承揽关系，马某登为定作人，洪某喜为承揽人。根据《中华人民共和国民法典》第一千一百九十三条规定：“承揽人在完成工作过程中造成第三人损害或者自己损害的，定作人不承担侵权责任。但是，定作人对定作、指示或者选任有过错的，应当承担相应的责任。”马某登在改造自己住房时，明知要从高层安装下水道，需要施工人员高空作业，在将该工作交由洪某喜完成时，并未对洪某喜是否具有高空作业资质进行审查。因此，马某登作为定作人在选任承揽人时具有过失，也应当对张某三的死亡承担相应的责任。

对本案有两点问题值得深思：一是对“打零工”农民工权益的保护问题。他们与雇主和用工单位之间是不固定的劳务关系，因而雇主或用工单位不会为他们投保工伤保险，甚至连人身意外险都不会投保，而农民工也普遍缺乏自身权益保护的意识，因而一旦发生事故，其权益得不到及时保护和实现。二是用工单位和个人权益的保护问题。随着经济社会的发展，临时雇佣用工因其灵活性、便捷性，特别是用工成本低廉等特点受到一些用工单位和个人的“追捧”，其中还不乏将一些专业性、技术性的工作交临时雇工完成的现象，但是，一旦发生事故，除雇员故意或重大过错外用工单位和个人都要承担赔偿责任，因此用工风险也必然存在。

编写人：云南省曲靖市沾益区人民法院　孙艳华

31

提供劳务一方为松散型合伙的情形下，其赔偿义务主体的确定及责任比例的划分

——叶某良诉雷某听等提供劳务者受害责任案

【案件基本信息】

1. 裁判书字号

河南省郏县人民法院（2019）豫0425民初1277号民事判决书

2. 案由：提供劳务者受害责任纠纷

3. 当事人

原告：叶某良

被告：雷某听、贾某顺、朱某

【基本案情】

贾某顺与雷某听签订了建房工程合同，约定雷某听为贾某顺建造三层住宅，建房各种材料由贾某顺购买，各种施工工具由雷某听自备，施工中的大小事故由雷某听负责。房屋主体结构建好后，雷某听通过朱某将墙体粉刷工作以每平方米7元的价格交由朱某、酒某义、朱某显、郭某民、姚某修、朱某旗、叶某良七人完成，雷某听提供脚手架、木板等辅助工具，手上工具由朱某、叶某良等自备，七人之间平均分配取得的报酬，共同完成墙体粉刷工作，具体如何分工由七人自行管理决定，不受雷某听的约束。2017年12月19日上午，在粉刷室内屋顶时，因脚手架上的木板断裂，叶某良从脚手架上摔下受伤，后被鉴定为二级伤残。叶某良受伤后，雷某听、贾某顺支付了部分医疗费，因赔偿达不成协议，叶某良诉至法院，请求法院判令雷某听、贾某顺赔偿医疗费、误工费、伤残赔偿金等共计500000元。

诉讼中，根据雷某听的申请，法院追加朱某为本案共同被告，叶某良自愿放弃

向朱某、酒某义、朱某显、郭某民、姚某修、朱某旗主张权利，并放弃对朱某、酒某义、朱某显、郭某民、姚某修、朱某旗的诉讼请求。

【案件焦点】

叶某良受伤，其赔偿义务主体及各自应承担的责任如何确定。

【法院裁判要旨】

河南省郏县人民法院经审理认为：公民的生命、健康权受法律保护。个人之间形成劳务关系，提供劳务一方因劳务自己受到损害的，根据双方各自的过错承担相应的责任。本案中，雷某听为贾某顺建设房屋，贾某顺向雷某听支付工程款。雷某听又将墙体粉刷交给朱某等施工，雷某听提供脚手架及木板等辅助施工工具，并按工作量支付报酬，因此，朱某等系为雷某听提供劳务。雷某听作为接受劳务的一方，应当在施工现场提供必要的安全防护措施，由于叶某良受伤系因雷某听提供的木板断裂造成，故雷某听对叶某良受伤的事实存在过错，应承担相应的赔偿责任。贾某顺将建房工程交于不具有安全建设施工条件的雷某听组织人员施工，存在选任不当的过错，故贾某顺对叶某良受伤也应承担相应责任。叶某良作为成年人，在使用施工工具时，未尽到相应的安全注意义务，未及时发现安全隐患，导致自身受伤，也存在一定过错，应承担相应的责任。雷某听将墙体粉刷工作交由朱某等共同实施，按平方来结算报酬，朱某等的内部分工及具体操作由七人自主决定，不受雷某听的支配，七人之间按照同工同酬、利益共享的原则进行。因此，朱某等之间具有个人合伙的性质，根据合伙共享利益、共担风险的原则，对叶某良的损失，朱某等也应承担相应责任。经核算，叶某良的各项损失共计 357599. 3 元，法院酌定雷某听承担 40% 的赔偿责任，即 143039. 72 元，扣除雷某听已经垫付的 6000 元，还应赔偿 137039. 72 元；贾某顺承担 10% 的赔偿责任，即 35759. 93 元；叶某良自身承担 20% 的责任；朱某、酒某义、朱某显、郭某民、姚某修、朱某旗共同承担 30% 的赔偿责任。诉讼中，叶某良自愿放弃对朱某、酒某义、朱某显、郭某民、姚某修、朱某旗的诉讼请求，是对自己权利的处分，故不再追加酒某义、朱某显、郭某民、姚某修、朱某旗参加本案的诉讼。

河南省郏县人民法院依照《中华人民共和国侵权责任法》第十六条、第二十二条、第三十五条，《最高人民法院关于审理人身损害赔偿案件适用法律若干问题的解释》第十七条、第十八条、第二十条、第二十一条、第二十二条、第二十三条、第二十四条、第二十五条，《最高人民法院关于确定民事侵权精神损害赔偿责任若干问题的解释》第十条，《中华人民共和国民事诉讼法》第六十四条之规定，判决：

一、雷某听于本判决生效之日起十日内赔偿叶某良护理费、住院伙食补助费、营养费、误工费、交通费、伤残赔偿金、精神抚慰金共计137039.72元；

二、贾某顺于本判决生效之日起十日内赔偿叶某良护理费、住院伙食补助费、营养费、误工费、交通费、伤残赔偿金、精神抚慰金共计35759.93元；

三、驳回叶某良的其他诉讼请求。

【法官后语】

随着市场经济的深入发展和劳务市场的日益活跃，提供劳务者受害责任纠纷频发。在基层法院，提供劳务者受害责任纠纷多发生在农村自建房及房屋的装饰、装修等业务中，一般都没有书面劳务合同，仅是口头约定，提供劳务者去留随意性大，权利、义务关系不明确，责任不清晰。发生伤害时，接受劳务方和提供劳务方都认为对方的过错更大，私下很难达成赔偿协议，从而引发诉讼。在审理此类案件时，重点和难点都在于赔偿义务主体的确定及责任比例的划分。

一、赔偿义务主体的确定

《中华人民共和国民法典》第一千一百九十二条第一款规定："个人之间形成劳务关系，提供劳务一方因劳务造成他人损害的，由接受劳务一方承担侵权责任。接受劳务一方承担侵权责任后，可以向有故意或者重大过失的提供劳务一方追偿。提供劳务一方因劳务受到损害的，根据双方各自的过错承担相应的责任。"由上述规定可知，提供劳务者受害责任纠纷的责任划分原则是过错原则。

本案中，贾某顺将建房工程交由不具备安全建设施工条件的雷某听组织人员施工，存在选任不当的过错，应承担赔偿责任。雷某听承接建房工程后，将墙面粉刷工作交由朱某等施工，其中，雷某听与朱某是直接联系的，叶某良等六人是朱某找来的，但朱某与叶某良等六人之间并非接受劳务和提供劳务的关系，而是作为一个共同体为雷某听提供劳务。雷某听作为接受劳务方，应当在施工现场提供必要的安全防护措施，并加强对提供劳务者的安全教育，由于雷某听提供的木板断裂造成叶某良受伤，雷某听存在过错，应承担赔偿责任。叶某良作为成年人，应当意识到施工过程中存在危险，应采取必要的自我保护措施，如佩戴头盔、施工前检查工具的安全性能等，但其未尽到相应的安全注意义务，未及时发现安全隐患，导致自身受伤，存在过错，应承担责任。朱某等七人作为一个提供劳务的共同体，依据共同完成的墙面粉刷工作量领取劳务报酬，七人之间利益共享，自主分工协作，不受雷某听的支配，具有个人合伙的性质。根据合伙共享利益、共担风险的原则，朱某等七人在工作过程中，应对施工安全尽到相互提醒注意义务，因未能尽到义务造成叶某良受伤，存在过错，应承担赔偿责任。综上，除了自身应承担相应责任以外，叶某良受伤的赔偿义务主体还应有贾某顺、雷某听、朱某等人。

二、赔偿责任比例的划分

接受劳务者在劳务关系中应当发挥组织、监督、指挥及风险防控等作用，为开展劳务活动提供必要的安全设施设备，加强对提供劳务者的安全教育培训，努力防范人身伤害事件的发生。但实践中，尤其是农村建房等情况下，很多接受劳务者都缺乏必要的安全设备，也极少对提供劳务者进行系统全面的安全教育，这是造成伤亡事故的主要因素。因此，对接受劳务者课以相对较重的法律责任，符合社会利益的公平和平衡原则。农村建房，房主一般是将工程发包给某个包工头，由其安排人员施工，很少去审查其资质，也很少干预施工过程，由于农村建房对建筑资质的要求不严格，房主对施工安全也没有特定的义务，因此，对房主往往课以相对较轻的法律责任。提供劳务者一般都是成年人，应当意识到施工过程中存在的危险，应尽到相应的安全注意义务，但很多劳务者往往安全意识不强，疏忽大意或过于自信，不采取必要的保护措施而导致自身受伤，也应承担相应的责任。本案中，叶某良并非单独直接为雷某听提供劳务，而是经由朱某介绍，与朱某等作为一个共同体为雷某听提供劳务，相当于雷某听将墙体粉刷工程发包给了朱某、叶某良等七人组成的一个松散型个人合伙组织。该七人之间自主分工协作，不受雷某听的支配，实行利益共享，对出现的风险和损失也应共同承担。综上，法院判决雷某听承担40%的责任、贾某顺承担10%的责任、叶某良承担20%的责任、朱某等六人共同承担30%的责任是合法合理的。一审宣判后，各方当事人也未提出上诉，收到了良好的法律效果和社会效果。

参考本案例时应当注意，每个提供劳务者受害责任纠纷案件的案情都可能存在差别，在确定赔偿义务主体和划分责任比例时，不应生搬硬套，而要结合具体案情，仔细甄别，依据相应的法律法规进行合理确定。

编写人：河南省郏县人民法院　宋景婵　樊俊晓　王昊珂

32

农村自住房屋施工是否需要相关资质

——李某忠诉曾某东等提供劳务者受害责任案

【案件基本信息】

1. 裁判书字号

重庆市第一中级人民法院（2019）渝01民终9556号民事判决书

2. 案由：提供劳务者受害责任纠纷

3. 当事人

原告（上诉人）：李某忠

被告（被上诉人）：曾某东、刘某洪、印某强

第三人：三元村委会

【基本案情】

2016年7月6日，曾某东与刘某洪签订《八塘镇2018年D级危房改造施工承包合同》，该合同约定，甲方曾某东将八塘镇片区涉及D级危房改造的人工劳务建设承包给乙方刘某洪，双方对工程的范围、工期、工程质量与安全、承包合同总价、付款方式、违约责任等内容进行了约定。2018年9月16日，曾某东作为D级危房工程的总承包人同业主印某强签订了《八塘镇2018年D级危房改造增加工程量施工承包合同》，双方约定将印某强所有的危房交由曾某东进行改造，该合同同时对工程范围、工程质量和安全、承包合同价等内容进行了约定。

2018年9月13日，应刘某洪的召集，李某忠前往印某强的危房进行改造，具体工作为进行旧危房的拆除并修建新房，工资为每天200元，据实结算。2018年

10月11日下午4时，李某忠在旧房拆除完毕，修建新房的过程中，由于踩踏到楼幅（木棒），该楼幅断裂，李某忠从高处摔下后受伤，随即被刘某洪和其他工友送至璧山区人民医院救治。2019年1月14日，经璧山区人民医院救治95天后，李某忠伤情好转出院，并于2019年2月27日向重庆市璧山司法鉴定所申请伤残等级鉴定，重庆市璧山区司法鉴定所于2019年3月5日出具了《司法鉴定意见书》，该意见书上载明：1. 李某忠腰1椎体骨折伴脊髓、神经损伤至右下肢瘫痪伤残等级为八级；2. 李某忠后续治疗费用为人民币壹万贰仟元（12000元）左右；3. 李某忠护理依赖承担为部分护理依赖；4. 李某忠营养时限为120日。

印某强所有房屋属D级危房，坐落于璧山区八塘镇三元村3组，建筑面积为29.7平方米，土地用途为住宅，楼层为一层，产权人为印某强，改造后面积变更为59平方米，其他内容未发生变更，目前新的产权证尚在办理之中。印某强以包工包料的方式，将自有的房屋承包给曾某东进行危房改造，部分材料系印某强同曾某东的工人伍某华共同挑选，由曾某东支付材料款。

【案件焦点】

印某强在建设农村自住用房时，以包工包料的方式，将自有的房屋承包给曾某东进行危房改造，是否存在选任过失。

【法院裁判要旨】

重庆市璧山区人民法院经审理认为：印某强与曾某东为承揽关系，曾某东与刘某洪系转包合同关系，刘某洪与李某忠系雇佣关系。首先，根据《中华人民共和国建筑法》第八十三条第三款和《建设部关于加强村镇建设工程质量安全管理的若干意见》第三条第三款的规定，两层（含两层）以下住宅的建设活动，县级建设行政主管部门的管理以为农民提供技术服务和指导为主要工作方式，不需要建筑资质。因此，印某强将自有的农村房屋（一层）交由曾某东进行危房改造，其选用无建筑资质的曾某东承建房屋的行为不存在选任过失；其次，印某强将自有危房的改造以包工包料的方式承包给曾某东，虽然建筑材料（包含断裂的楼幅）系印某强同曾某东的工人一道购买，但因印某强系当地农民（房主），其对建筑材料质量的好坏，无专业的认知能力和鉴别水平，对楼幅的断裂不存在过错。因此，对李某忠在施工过程中因楼幅（木棒）断裂所造成的损害结果，印某强无过错，不承担赔偿责任。

重庆市璧山区人民法院依照《中华人民共和国侵权责任法》第六条第一款、第十五条第一款第六项、第十六条、第三十五条，《最高人民法院关于审理人身损害赔偿案件适用法律若干问题的解释》第十七条、第十八条、第十九条、第二十条、第二十一条、第二十二条、第二十三条、第二十四条、第二十五条，《中华人民共和国建筑法》第八十三条第三款，《最高人民法院关于民事诉讼证据的若干规定》第二十八条以及《中华人民共和国民事诉讼法》第六十四条第一款之规定，判决：

一、曾某东于本判决生效之日起十日内支付李某忠赔偿款23768.06元；

二、曾某东于本判决生效之日起十日内支付李某忠精神抚慰金2400元；

三、刘某洪于本判决生效之日起十日内支付李某忠赔偿款44992.07元；

四、刘某洪于本判决生效之日起十日内支付李某忠精神抚慰金3000元；

五、刘某洪于本判决生效之日起十日内支付曾某东因李某忠受伤所垫付款61128.19元；

六、驳回李某忠的其他诉讼请求。

李某忠不服一审判决，提起上诉。

重庆市第一中级人民法院经审理认为：结合各方陈述及举示证据，印某强与曾某东为承揽关系，曾某东与刘某洪系转包合同关系，刘某洪与李某忠系劳务关系。涉案农村房屋为一层，不需建筑资质要求，印某强无选任过失，在本案中不承担责任；曾某东作为总承包人、刘某洪作为雇主，未尽到安全管理责任，对李某忠受伤应进行赔偿；李某忠做工中忽视安全，导致自己受伤，也存在过错。一审根据各方过错情况，认定李某忠承担10%，曾某东承担40%，刘某洪承担50%，印某强和三元村委会不需担责。

重庆市第一中级人民法院依照《中华人民共和国民事诉讼法》第一百七十条第一款第一项规定，判决：

驳回上诉，维持原判。

【法官后语】

农村建房过程中，发包方、承包人、实际施工方因自身过错造成提供劳务者损害的，应依法承担侵权责任。首先提供劳务者自己有过错的，应承担部分责任。另外根据农村建房性质的不同，其余各方责任划分也有所不同：

一、农村自建三层以上的房屋

《中华人民共和国建筑法》第八十三条第三款规定，抢险救灾及其他临时性房屋建筑和农民自建低层住宅的建筑活动，不适用本法。《建设部关于加强村镇建设工程质量安全管理的若干意见》第三条第三款规定，两层（含两层）以下的建设活动，县级建设行政主管部门的管理以为农民提供技术服务和指导为主要工作方式，不需要建筑资质。综上，农村自建三层以上的房屋的发包合同应认定为建筑施工合同，如果提供劳务者在施工过程中发生人身损害，其损失应当由承包人（雇主）承担，如果发包方知道或者应当知道承包人没有相应资质或者安全生产条件的，应当在过错范围内承担赔偿责任。

二、农村自建三层以下的房屋

业主与承包人签订建造该类房屋建造合同，承包人承担建造房屋的全部事项，也就是俗称的包工包料，业主承担按期付款的义务，这样的合同，应认定为承揽合同。在此情况下，受雇于承包人的劳务者发生人身损害，应当由承包人承担赔偿责任，业主在定作、指示或者选任方面没有过失的情况下，不应承担赔偿责任。

如果业主自行准备建筑材料，承包人只是在业主的指挥和安排下招揽工人、提供劳务，承包人行动完全受业主支配。在这样的情形下，可以认定业主与承包人之间构成劳务关系，承包人所雇佣的人员在建房过程中发生人身损害，业主和承包人都应按份承担侵权责任。

编写人：重庆市璧山区人民法院　胡鼎松

33

雇员在农村建房过程中误触高压电受伤房主及供电公司均担责

——李某涛诉孙某江等提供劳务者受害责任、触电人身损害责任案

【案件基本信息】

1. 裁判书字号

山东省青岛市中级人民法院（2019）鲁02民终10715号民事判决书

2. 案由：提供劳务者受害责任纠纷、触电人身损害责任纠纷

3. 当事人

原告（被上诉人）：李某涛

被告（上诉人）：平度供电公司

被告：孙某江、曹某良、杨某禹

【基本案情】

2017年春，孙某江未经政府相关部门审批在原有的四间房屋之上加盖二层楼房，并将二层楼房建筑工程发包给曹某良，孙某江与曹某良约定发包方提供材料，承包方施工，施工费每平方米200元。在建设过程中，曹某良将搭建台模工程发包给杨某禹。2017年4月7日上午，杨某禹及其雇佣的李某涛等在现场支台模时，李某涛站在房屋二楼墙上，手持的铁管误触了头上方的高压线，被电击摔在一楼地面上，受到重伤，后经鉴定构成二级伤残。李某涛施工时未戴安全帽、未系安全带，二层楼施工下方未设置安全网等防护措施。涉案线路是10千伏高压线，20世纪80年代架设，从涉案房屋地面处至线路的垂直距离9.7米，从涉案房屋处地面至二层楼的垂直距离8.4米，最里侧一根线路距房屋的水平距离1.8米，李某涛触电的铁管长约6米，粗约5厘米，系杨某禹提供的支模设施。涉案事故发生前，平度供电

公司未对相关当事人进行过制止。

【案件焦点】

1. 房主孙某江、承包人曹某良、雇主杨某禹是否均承担责任及承担责任的方式；2. 平度供电公司是否承担责任。

【法院裁判要旨】

山东省平度市人民法院经审理认为：关于房主孙某江、承包人曹某良、雇主杨某禹是否均承担责任及承担责任的方式，首先，杨某禹与李某涛双方之间成立雇佣关系和劳务关系，杨某禹为雇主，接受劳务，李某涛为佣工，提供劳务，李某涛现场施工时，属于高空高危作业，杨某禹作为接受劳务的一方未采取相应安全防护措施，亦未尽到必要的提示义务，对事故发生存有过错，应承担本次事故的主要责任；其次，李某涛因缺乏安全措施触电从高处摔下致伤，孙某江作为发包人、曹某良作为分包人，未审核工程的安全生产条件，即将搭建台模工程分包给不具备安全生产条件的杨某禹，且未就安全作业方面尽到指示和保障义务，应与杨某禹承担连带赔偿责任。关于平度供电公司是否承担责任，参照66千伏及以下架空电力线路设计规范，对比现场勘验的数据来看，涉案的线路设施符合相关技术规定，但平度供电公司未尽到相应的监督管理义务，平度供电公司作为涉案线路的经营者，没有证据证明李某涛的伤害是故意或者不可抗力造成的，依法承担事故相应的赔偿责任。李某涛作为具有完全民事行为能力的成年人，在危险环境下工作时，对存在的安全隐患疏忽大意，未充分尽到审慎义务，导致触电发生事故，其自身存有过错，自行承担事故30%的责任。据此，综合考虑本案事故发生的场所、经过及各方的过错，酌情认定杨某禹承担本事故损失的60%赔偿责任，孙某江、曹某良对此承担连带赔偿责任，平度供电公司承担本事故损失的10%赔偿责任。

山东省平度市人民法院依照《中华人民共和国侵权责任法》第二条、第十六条、第二十六条、第三十五条、第七十三条，《最高人民法院关于审理人身损害赔偿案件适用法律若干问题的解释》第十一条第二款规定，判决：

一、杨某禹赔偿李某涛各项经济损失共计358649.65元，于本判决生效后十日内履行，孙某江、曹某良对上述债务承担连带赔偿责任；

二、平度供电公司赔偿李某涛各项经济损失共计73759.78元，于本判决生效后十日内履行。

平度供电公司不服一审判决，提起上诉。

山东省青岛市中级人民法院经审理同意一审法院裁判意见，依照《中华人民共和国民事诉讼法》第一百七十条第一款第一项之规定，判决：

驳回上诉，维持原判。

【法官后语】

多年来，农村建房误触高压电受伤事件，偶有发生，该类事故大多数有以下三个方面共同点，第一，房主违法搭建二层楼房。第二，存在着劳务雇佣、发包分包、触电人身损害多层的法律关系。第三，受害者高空坠落，受伤严重，死亡事故居多。该类案件虽然案情相对简单，但涉及多层法律关系认定，且审判实践接触较少，所以全国各地法院存在着同类案件不同判的现象，主要体现在两个方面，其一，房主、承包方、雇主承担责任方式的不同，是按份责任还是连带责任。其二，供电公司是否承担责任意见不一。关于第一个问题，实践中有相当一部分的观点认为各自根据过错承担按份责任，依据《中华人民共和国民法典》第一千一百九十二条第一款规定："个人之间形成劳务关系，提供劳务一方因劳务造成他人损害的，由接受劳务一方承担侵权责任。接受劳务一方承担侵权责任后，可以向有故意或者重大过失的提供劳务一方追偿。提供劳务一方因劳务受到损害的，根据双方各自的过错承担相应的责任。"提供劳务受到损害的，接受劳务一方（雇主）根据过错承担按份责任，并认为房主、承包人与雇主对于提供劳务者受害并无主观上的意思联络，不构成共同侵权。关于第二个问题，供电公司是否承担责任，产生争议的主要是该类触电事故是否应适用《中华人民共和国民法典》第一千二百四十条规定"从事高空、高压、地下挖掘活动或者使用高速轨道运输工具造成他人损害的，经营者应当承担侵权责任；但是，能够证明损害是因受害人故意或者不可抗力造成的，不承担责任。被侵权人对损害的发生有重大过失的，可以减轻经营者的责任"。部分观点认为应适应《中华人民共和国电力法》《电力设施保护条例》以及《供电营业规则》等相关电力法律法规中免责事由的规定，实践中有的甚至还适用已经废止的《最高人民法院关于审理触电人身损害赔偿案件若干问题的解释》第三条第四项规定，关于受害人在电力设施保护区从事法律、行政法规所禁止的行为因高压电造成人身损害，电力设施产权人不承担民事责任。《中华人民共和国民法典》第一千一百七十八条规定："本法和其他法律对不承担责任或者减轻责任的情形另有规定的，依照其规定。"即特别法应优先适用，《中华人民共和国民法典》相对于现有规定了侵权责任的特别法而言，又属于新法，依照"新法优于旧法"的法律适用原则，仍应适用《中华人民共和国民法典》。故应适应《中华人民共和国民法典》第一千二百四十条规定，供电公司作为经营者应承担无过错责任。

编写人：山东省平度市人民法院　卢修军

34

在雇佣活动中，受雇人驾驶车辆因操作不当造成另一受雇人受伤，责任如何承担

——王某勇诉新建公司、任某英提供劳务者受害责任案

【案件基本信息】

1. 裁判书字号

新疆维吾尔自治区石河子市人民法院（2019）兵9001民初1524号民事判决书

2. 案由：提供劳务者受害责任纠纷

3. 当事人

原告：王某勇

被告：新建公司、任某英

【基本案情】

2018年9月24日，王某勇与新建公司签订《季节性劳务用工合同》，约定王某勇从事采棉机副驾驶员工作，用工时间自9月中旬至11月上旬。2018年10月1日，王某勇与主驾驶员任某英在采棉过程中，因采棉机挂到高压线，高压线着火，

致采棉机尾部起火，任某英遂停止驾驶采棉机，王某勇走出驾驶室查看火情后，又上车取灭火器准备下车灭火时，因任某英突然启动采棉机导致王某勇因车辆惯性被甩到车下，致王某勇摔伤。

王某勇受伤后，于同日入住石河子市人民医院住院治疗，2018年10月30日王某勇出院。出院诊断：右侧胫腓骨下端骨折、开放性小腿骨折。王某勇花费住院费75625.58元，门诊费4183.48元。另，王某勇购买药品花费18.70元，购买床垫、双拐、尿壶、腿部垫枕等医疗辅助用品花费275元。

王某勇在住院治疗期间，前往石河子市医院就医、王某勇的妻子为护理王某勇往返送饭、护理、后期复查等花费交通费1480元。

2019年1月18日，王某勇委托新疆天宇司法鉴定所对其伤残等级程度、误工期、护理期、营养期、因果关系、后续医疗费用进行评定。2019年1月21日，新疆天宇司法鉴定所作出法医学鉴定意见书。鉴定意见：被鉴定人王某勇右踝关节损伤已构成九级伤残；后续去除内固定约需15000元；需误工期180天，护理期90天，营养期90天。王某勇为此花费鉴定费用3180元。

【案件焦点】

雇员王某勇因受伤造成的损失应当如何赔偿。

【法院裁判要旨】

新疆维吾尔自治区石河子市人民法院经审理认为：雇佣关系是指受雇人向雇用人提供劳务，雇用人支付相应报酬形成的权利义务关系。王某勇与新建公司签订劳务合同，王某勇在新建公司从事采棉机副驾驶员工作，任某英在新建公司从事采棉机主驾驶员工作，新建公司与王某勇、任某英之间均形成雇佣关系，根据《最高人民法院关于审理人身损害赔偿案件适用法律若干问题的解释》第九条规定，雇员在从事雇佣活动中致人损害的，雇主应当承担赔偿责任；雇员因故意或者重大过失致人损害的，应当与雇主承担连带赔偿责任。雇主承担连带赔偿的，可以向雇员追偿。前款所称“从事雇佣活动”是指从事雇主授权或者指示范围内的生产经营活动或者其他劳务活动。雇员的行为超出授权范围，但其表现形式是履行职务或者与履行职务有内在联系的，应当认定为“从事雇佣活动”。第十一条规定，“雇员在从事雇佣活动中遭受人身损害，雇主应当承担赔偿责任”。本案中，王某勇与任某英均系新建公司的雇员，在按照新建公司的指示进行采棉作业过程中，因采棉机尾部起火，王某勇在灭火过程中遭受人身损害，系在雇佣活动中受伤，故应由雇主新建公司承担赔偿责任。任某英在王某勇灭火过程中突然启动车辆致王某勇从车上摔下受伤，其行为存在重大过失，故应当对王某勇的损害与新建公司承担连带赔偿责任。王某勇为采棉机灭火导致受伤，为履行新建公司的职务，故王某勇的行为并没有过错。

新疆维吾尔自治区石河子市人民法院依照《最高人民法院关于审理人身损害赔偿案件适用法律若干问题的解释》第九条、第十一条、第十七条、第十八条、第十九条、第二十条、第二十一条、第二十二条、第二十三条、第二十四条、第二十五条，《最高人民法院关于确定民事侵权精神损害赔偿责任若干问题的解释》第十条，《中华人民共和国民事诉讼法》第六十四条（法律条文附后）的规定，判决：

一、新建公司赔偿王某勇各项损失合计215201.44元，于本判决生效之日起十日内给付王某勇；

二、任某英在新建公司赔偿范围内负连带责任。

【法官后语】

本案是一起雇员因驾驶采棉机操作不当造成另一雇员受伤的案件。那么，雇员王某勇受伤的损失由谁赔偿。

一、雇员在雇佣活动中致人损害的，雇主应当担责

《中华人民共和国民法典》第一千一百九十二条第一款规定："个人之间形成劳务关系，提供劳务一方因劳务造成他人损害的，由接受劳务一方承担侵权责任。接受劳务一方承担侵权责任后，可以向有故意或者重大过失的提供劳务一方追偿。提供劳务一方因劳务受到损害的，根据双方各自的过错承担相应的责任。"雇员在雇佣活动中造成他人损害的，由雇主承担赔偿责任，这里的他人包括其他雇主雇佣的雇员受害，如上述雇员任某英驾驶采棉机造成其他雇员王某勇受伤的案件；也包括与雇佣关系无关的其他人，如雇员驾驶机动车造成与行人发生碰撞，造成行人受伤或者死亡的案件，但无论在哪一种情况下，雇员致害，雇主均应当承担赔偿责任，除非当雇员存在故意或者重大过失的情况下，才与雇主承担连带责任。雇员有故意或者重大过失的，与雇主承担连带责任，雇主在承担完责任后，可以向雇员追

偿，其目的在于加大雇员在雇佣活动中的责任心，加大雇员履行雇主责任的高度注意力度。

二、雇员在雇佣活动中自身遭受伤害的，雇主应当承担赔偿责任

《中华人民共和国民法典》第一千一百九十二条第二款规定："提供劳务期间，因第三人的行为造成提供劳务一方损害的，提供劳务一方有权请求第三人承担侵权责任，也有权请求接受劳务一方给予补偿。接受劳务一方补偿后，可以向第三人追偿。"可以理解为，雇员在雇佣活动中遭受人身损害是指雇员在雇佣活动中遭受其他雇员的人身损害，如本案的雇员任某英驾驶采棉机给雇员王某勇造成的人身损害；雇员在雇佣活动中遭受第三人的致害，如雇员在驾驶机动车履行雇佣活动中与其他机动车驾驶人驾驶的机动车相互碰撞而遭受人身伤害；雇员在雇佣活动中因自身原因遭受伤害，如雇员在为雇主锯木料时不慎被锯掉了一根手指而受伤。但是根据《中华人民共和国民法典》第一千一百七十三条的规定："被侵权人对同一损害的发生或者扩大有过错的，可以减轻侵权人的责任。"在审判实践中，可能会根据受害人的过错程度调整侵权人及雇主承担责任的比例。受害人的过错应当是重大过错，一般过错的情况下是不予调整的。

本案中，法院认定作为雇员的王某勇在从事雇佣活动中为扑救采棉机之火，其行为并没有过错，其因此遭受的损失，应当由雇主承担赔偿责任，因本案中作为雇员的任某英在操作采棉机过程中具有重大过错，应当与雇主承担连带责任。

编写人：新疆维吾尔自治区石河子市人民法院　杜世成

35

用工者因家庭事务造成提供劳务者人身损害的，用工家庭成员应根据用工过错程度承担共同侵权民事责任

——潘某强诉杨某等提供劳务者受害责任案

【案件基本信息】

1. 裁判书字号

四川省南充市中级人民法院（2019）川13民终2777号民事判决书

2. 案由：提供劳务者受害责任纠纷

3. 当事人

原告（被上诉人）：潘某强

被告（上诉人）：刘某英、杨某福、杨某、罗某君

被告：杨某权

【基本案情】

刘某英与杨某福系夫妻关系，杨某、罗某君系夫妻关系，杨某系刘某英和杨某福之子，杨某、罗某君、刘某英、杨某福系家庭共同成员。因家中房屋年久失修，刘某英一家遂决定拆除该房屋改建新房。

2018年10月16日，杨某福电话联系杨某权帮忙找人于2018年10月22日帮其拆除旧房。2018年10月22日上午，杨某权与潘某泽等十三名工人一起拆除刘某英一家人位于蓬安县凤石乡马脑村七组的房屋。在拆除房屋过程中，潘某泽为躲避房顶掉下的房梁，头部撞到墙上后受伤。当日13时潘某泽返回家中后晕倒，后被送至蓬安县人民医院住院治疗，被诊断为：1. 重型闭合性颅脑损伤；2. 神经源性休克；3. 大面积脑梗死；4. 原发性高血压（3级，很高危）；5. 心房纤颤；6. 电解质紊乱；7. 肺部感染；8. 低蛋白血症。潘某泽经医治无效，于2018年12月11

日17时47分死亡。死亡诊断为：1. 重型闭合性颅脑损伤；2. 右颞枕叶大面积脑梗死；3. 神经源性休克、脓毒症休克；4. 原发性高血压（3级很高危）；5. 肺部感染；6. 低血钾症；7. 心房纤颤；8. 电解质紊乱；9. 低蛋白血症；10. 营养不良性大疱；11. 肝功能不全；12. 中枢性呼吸、循环衰竭。潘某泽医疗过程中产生医疗费共计96581.37元，潘某泽的儿子潘某强已支付医疗费15000元，尚欠蓬安县人民医院医疗费81581.37元。

2018年12月21日，蓬安县人民法院委托四川求实司法鉴定所对潘某泽的尸体进行检验确定死亡原因并对其受伤与死亡是否存在因果关系及参与度进行鉴定，2019年3月15日，四川求实司法鉴定所作出司法鉴定意见书，鉴定意见为：1. 潘某泽的死亡原因符合严重颅脑外伤术后合并感染所致呼吸循环衰竭死亡；2. 潘某泽的死亡与颅脑外伤有直接因果关系，参与度为100%。潘某强支付鉴定费13000元。拆除房屋后，杨某福支付报酬2400元给杨某权，杨某权收取后，将该2400元平均分配给其他工人，包括杨某权、潘某泽在内的十五人每人平均分得160元。

潘某泽生于1955年9月28日，系农村居民，其近亲属为儿子潘某强。

【案件焦点】

1. 潘某泽与杨某权，潘某泽与杨某福等人相互之间的法律关系如何认定；2. 潘某泽死亡的损害后果与提供劳务受伤之间是否存在因果关系；3. 杨某权、杨某、罗某君、杨某福、刘某英是否承担赔偿责任以及责任如何划分。

【法院裁判要旨】

四川省蓬安县人民法院经审理认为：公民的健康权依法受到法律保护，公民侵害他人民事权益，应当依法承担侵权责任。

1. 关于潘某泽、杨某、罗某君、杨某福、刘某英、杨某权相互之间的法律关系的认定问题，根据已查明的事实，潘某泽参与了杨某、罗某君、杨某福、刘某英家拆除房屋的劳务，同时杨某、罗某君、杨某福、刘某英系家庭共同成员，本案所涉房屋的拆除事宜属于其家庭共同事务，因此杨某、罗某君、杨某福、刘某英四人应向潘某泽承担共同侵权责任。杨某权按照杨某福的指示，找来其他工人一起完成拆除房屋工作，由杨某福向其支付报酬，且杨某权与其他工人同工同酬，且未从中获取利润，杨某权与杨某福之间应属劳务关系。潘某泽并非杨某权雇请的工人，故潘某泽与杨某权不存在劳务关系，亦不存在其他侵权法律关系。

2. 潘某泽死亡的损害后果与提供劳务受伤之间的因果关系，结合鉴定意见可认定潘某泽的死亡与颅脑外伤有直接因果关系，且颅脑外伤是其死亡的全部原因力。根据已查明的事实，在无其他证据证实其遭受过除提供劳务时头部受伤之外的原因造成颅脑外伤的情况下，提供劳务造成潘某泽颅脑外伤具有高度盖然性，应认定系提供劳务导致其颅脑外伤，因此法院认定潘某泽死亡的损害后果与其提供劳务受伤之间具有因果关系。

3. 关于杨某、罗某君、杨某福、刘某英、杨某权是否承担赔偿责任以及责任划分的问题，本案中，杨某、罗某君、杨某福、刘某英未提供相关安全防护和保障措施，未尽到安全保障义务，对潘某泽的死亡存在过错，同时潘某泽在提供劳务过程中应尽到充分的谨慎义务，避免造成自身或他人的损害，自身存在一定的过错，应当减轻侵权人的责任。杨某权与潘某泽不存在侵权法律关系，故杨某权不承担赔偿责任。故结合法院认定的总损失为 370957.42 元，潘某泽死亡的损害后果由杨某、罗某君、杨某福、刘某英承担 70% 的赔偿责任即 259670.19 元，潘某泽自身承担 30% 的责任即 111287.23 元。

四川省蓬安县人民法院依照《中华人民共和国侵权责任法》《最高人民法院关于审理人身损害赔偿案件适用法律若干问题的解释》《最高人民法院关于确定民事侵权精神损害赔偿责任若干问题的解释》等法律规定，判决：

一、杨某、罗某君、杨某福、刘某英在本判决发生法律效力后十日内共同赔偿潘某强 259670.19 元；

二、驳回潘某强的其他诉讼请求。

刘某英、杨某福、杨某、罗某君不服一审判决，提起上诉。

四川省南充市中级人民法院经审理同意一审法院裁判意见，依照《中华人民共和国民事诉讼法》第一百七十条第一款第一项之规定，判决：

驳回上诉，维持原判。

【法官后语】

劳务关系是指劳动者与用工者根据约定，劳动者向用工者提供劳务，用工者向劳动者支付报酬的一种有偿服务关系。在农村，个人之间的劳务关系往往不是很规范，如本案死者潘某泽知道刘某英家要请人拆房屋，刘某英虽没有叫潘某泽去拆房屋，但潘某泽当天去参与拆房，刘某英并未反对，且接受了潘某泽提供的劳务，潘某泽也没明确表示不要报酬。所以，双方之间形成了事实上的劳务关系，应认定劳务关系成立。

因提供劳务产生的侵权纠纷，在确定赔偿责任人时，往往还涉及其他法律关系。如本案中，杨某权应否承担责任，首先应厘清杨某权与房主之间是否为承揽关系，杨某权与潘某泽之间是否存在劳务关系。杨某权受房主指示召集人为其拆房，杨某权与其他人同工同酬，未从中获利。所以，杨某权与房主之间不存在承揽关系，仅为劳务关系，潘某泽与杨某权之间并非劳务关系，杨某权在本案中不承担侵权责任。

接受劳务方为多人时，是否应共同承担侵权责任，主要看劳务是否惠及接受方每个人，接受劳务方有无共同接受劳务的意思，劳务惠及的人应视为接受劳务方，对外应视为一个整体承担责任。杨某、罗某君、杨某福、刘某英系家庭共同成员，案涉房屋的拆除属于其家庭共同事务，因家庭共同事务接受劳务，应认定该四人为共同接受劳务一方。根据《中华人民共和国民法典》第一千一百六十八条的规定："二人以上共同实施侵权行为，造成他人损害的，应当承担连带责任。"因此，本案应由杨某、罗某君、杨某福、刘某英共同承担侵权责任。

劳动者在提供劳务过程中，因劳务活动造成他人损害或自身损害的，按《中华人民共和国民法典》第一千一百九十二条的规定，接受劳务方承担责任的方式不同。劳动者因劳务造成他人损害的，由接受劳务方承担责任，劳动者因劳务造成自身损害的，根据双方各自的过错承担相应的责任。本案中，潘某泽在提供劳务中自身受伤后死亡，杨某等未尽到安全保障义务，应承担侵权责任，因潘某泽自身未尽到安全注意义务，存在一定过错，应减轻杨某等的责任。

编写人：四川省蓬安县人民法院　段委

36

拒绝医生的医疗方案坚持要求截趾是否属于过度医疗

——孟某良诉杨某、水利公司提供劳务者受害责任案

【案件基本信息】

裁判书字号

江苏省无锡市中级人民法院（2019）苏02民终1386号民事判决书

2. 案由：提供劳务者受害责任纠纷

3. 当事人

原告（被上诉人）：孟某良

被告（上诉人）：杨某、水利公司

【基本案情】

2017年4月2日，杨某与水利公司土方队签订《工程承包合同》，约定杨某承包水利公司土方队“钱墅荡生态清淤工程”，承包性质为“大清包”，承包价为“11.5元/方（所有围堰、打水自行解决）”。杨某与水利公司一致认可，大清包就是全包的意思。

2017年7月6日，孟某良在“钱墅荡生态清淤工程”打水时脚不慎被吸入水泵，导致左足踇指受伤。孟某良受伤后，在无锡市第九人民医院住院治疗19天，又在宜兴市中医医院、宜兴市十里牌医院治疗，共发生医疗费用17672.69元，该款由孟某良支付。

经孟某良申请，法院委托无锡市中诚司法鉴定所对孟某良的伤残等级、误工、护理、营养期限进行了鉴定，该所在2018年8月29日以司法鉴定意见书确定孟某良左足第一趾近、远节趾骨缺失，致足功能丧失分值10分以上（未达25分）评定为十级伤残，误工期90日、护理期45日、营养期60日。为此孟某良支出鉴定费3060元。

经孟某良申请，法院通知证人张某生、曹某华到庭作证。证人张某生陈述，孟

某良叫他去东氿干活吸河泥，孟某良自己也在工地上做工，工地老板姓杨，就是被告杨某，其工资220元/天，孟某良工资比其高，具体多少不清楚。在孟某良受伤的那一天，其不到七点到工地上的时候，便发现孟某良已经受伤了，其就将孟某良送到医院。证人曹某华陈述，其帮杨某干活，其原先经常与孟某良一起干活，孟某良这边有活干就喊其一起做，具体工作是在东氿边上一条河道吸河泥，工资220元/天。工地是杨某承包的，工资由杨某拿来以后在孟某良家中一起发放，有一次杨某还加钱让他们加了夜班，给了每人200元的加班费。

【案件焦点】

1. 孟某良是否存在过度医疗行为；2. 水利公司是否需要承担责任。

【法院裁判要旨】

江苏省宜兴市人民法院经审理认为：针对孟某良是否存在过度医疗行为的问题，杨某、水利公司对鉴定意见书的真实性无异议，但认为孟某良构成伤残等级的原因是其左足第一趾近、远节趾骨缺失，但其是拒绝医生建议的医疗方案后执意选择实施截趾术，其并非一定要实施截趾术，故认为孟某良存在过度医疗行为，应对自己构成伤残的结果自行负责。杨某并提交了重新鉴定申请书，要求对孟某良自行要求行踇指截趾术导致的伤情与孟某良受伤之间是否存在因果关系进行鉴定。

审理中，审理法官向法院法医作了咨询，咨询结果为，不存在过度医疗，医生建议的两种方案，只是一种可能性，患者有选择治疗方案的权利，没有刻意去扩大治疗的费用及方式。术后出现伤口感染严重提示细菌感染严重，医生的建议方案中就包括拓趾关节融合术等，这本身就是切除一部分骨质，伤者因其自身原因选择直接切除亦无不可。

针对水利公司是否需要承担责任的问题，孟某良称，其在杨某、水利公司承包的工地上施工时受伤，杨某、水利公司应承担赔偿责任。

水利公司辩称，该工程其公司已转包给杨某，双方之间签订有承包协议，孟某良与其公司之间不存在雇佣关系，即使存在其他关系，也是孟某良和杨某之间的关系，与其公司无关。水利公司并提供中标通知书，证明该工程系其公司通过公开招标中标而来。

审理中，审理法官就河道清淤工程是否需要相应资质、以及《中标通知书》相关事宜，向宜兴市水利农机局进行咨询，咨询结果为，政府投资项目一般都是需要资质的，其局招标的项目就都要资质，具体公司可以从事的工程范围会体现在营业执照上。发出《中标通知书》的是宜兴市水利工程建设管理中心，属于宜兴市水利农机局下属事业单位，该《中标通知书》上的工程即案涉工程，也是通过其局公开招标的，是经由宜兴市发改局批复的“治太”（治理太湖）工程。

法院对此认为，本案所涉工程内容为河道清淤，系经宜兴市发改局批复、宜兴市水利工程建设管理中心公开招标的太湖治理工程，需要相应工程资质。但水利公司却将工程转包给明显不具备资质的个人杨某进行施工，违反了法律规定，应与杨某承担连带赔偿责任。

法院认为，侵害他人造成人身损害的，应当赔偿医疗费、护理费、交通费等为治疗和康复支出的合理费用，以及因误工减少的收入。造成残疾的，还应当赔偿残疾生活辅助具费和残疾赔偿金。经核算，孟某良的损失合计 143426.19 元，杨某、水利公司应按责任连带赔偿 70% 即 100398 元。

江苏省宜兴市人民法院依照《中华人民共和国侵权责任法》第十六条、第二十二条、第三十五条，《最高人民法院关于审理人身损害赔偿案件适用法律若干问题的解释》第十一条、第十七条第一款至第二款、第十八条，《最高人民法院关于确定民事侵权精神损害赔偿责任若干问题的解释》第八条第二款、第十条之规定，判决：

一、杨某、水利公司于本判决发生法律效力之日起十日内赔偿孟某良损失 100398 元。

二、驳回孟某良的其他诉讼请求。

杨某、水利公司不服一审判决，提起上诉。

江苏省无锡市中级人民法院经审理同意一审法院裁判意见，依照《中华人民共和国民事诉讼法》第一百七十条第一款第一项之规定，判决：

驳回上诉，维持原判。

【法官后语】

本案为一起典型的雇员遭受人身损害引发赔偿的雇员受害纠纷。这类法律关系中，最常见的争议即赔偿主体以及赔偿范围。

一、针对赔偿主体

本案中，案涉清淤工程系由水利公司发包给杨某进行施工，孟某良系杨某所雇佣，故水利公司为发包人、杨某为雇主。同时经法院查明，杨某并无资质承包案涉清淤工程，故根据《最高人民法院关于审理人身损害赔偿案件适用法律若干问题的解释》第十一条“雇员在从事雇佣活动中遭受人身损害，雇主应当承担赔偿责任……雇员在从事雇佣活动中因安全生产事故遭受人身损害，发包人、分包人知道或者应当知道接受发包或者分包业务的雇主没有相应资质或者安全生产条件的，应当与雇主承担连带赔偿责任”的规定，杨某、水利公司应对孟某良的损害承担连带赔偿责任。

二、针对赔偿范围

本案中的争议焦点即为孟某良有无进行过度医疗。孟某良受伤后针对其左足踇趾伤情，医生给出两种医疗方案建议，一是皮瓣转移覆盖创面，二是趾指关节融合缩短后闭合皮肤。但孟某良及家属拒绝医生的建议，要求行踇趾截趾术，最终经鉴定评定为十级伤残。故杨某、水利公司对此提出异议，认为孟某良拒绝医生提出的医疗方案，执意要求行踇趾截趾术，属于过度医疗，指出如按医生建议的方案医治，可能不会导致十级伤残。

最终法院并未采纳杨某、水利公司的意见，仍认定包括医疗费用及残疾赔偿金在内的伤残损失由杨某、水利公司按责任赔偿70%。主要考量因素如下：1. 医生提出的医疗方案只是建议，并非一定要采纳。孟某良作为伤者，有权利自行选择医疗方案。孟某良作为伤者，其对自身伤情必然是抱着治愈及以较好效果治愈的希望，杨某、水利公司认为孟某良过度医疗导致自己致残，仅是猜测，缺乏事实依据。同时，认为伤者存在故意放弃可以让自己不致残的方案而选择让自己致残的治疗方案的行为，是违背自然规律的猜想，审理中，孟某良也强调，其也想采纳医生建议的方案保住脚趾，但因为杨某、水利公司未垫付医疗费，其家庭经济状况困难、缺乏治疗费用，不得不选择截趾这一费用较低的方案。因此，不能因为孟某良未选择可能可以达到最好恢复效果的医疗方案，就认定其存在过度医疗，影响医疗方案选择的，有多种其他客观原因（如经济条件）。2. 经法院咨询法医得知，孟某良术后出现伤口感染严重提示细菌感染严重，医生的建议方案中就包括拓趾关节融合术等，这本身就是切除一部分骨质，伤者因其自身原因选择直接切除并无不可，不存在过度医疗，更不存在故意扩大治疗费用。因此，杨某、水利公司质疑孟某良选择的医疗方案致使自己构成伤残，是缺乏依据的，本身就只是一种猜想。即使采纳了医生建议的医疗方案，也未必不会构成伤残。因此不能认定孟某良存在过度医疗，更不能拒绝赔偿孟某良致残后的损失，或要求孟某良自行承担医疗费用。

编写人：江苏省宜兴市人民法院　任脂

37

雇主承担替代责任后追偿权及具体追偿数额如何确定

——黄某标诉陈某文追偿权案

【案件基本信息】

1. 裁判书字号

广东省汕头市潮阳区人民法院（2019）粤0513民初162号民事判决书

2. 案由：追偿权纠纷

3. 当事人

原告：黄某标

被告：陈某文

【基本案情】

陈某文为黄某标雇员。2017年8月1日下午，陈某文驾驶黄某标提供的无号牌两轮轻便摩托车为黄某标送货，回店途中沿南山区前海路由北往南方向行驶，途经深圳市南山区阳光花地苑路段人行横道时，与人行横道由东往西横过道路的钟某英发生碰撞，造成钟某英受伤的交通事故。2017年8月22日，深圳市公安局交通警察支队南山支队作出道路交通认定书，认定陈某文未取得机动车驾驶证驾驶无号牌机动车上道路行驶，行经人行横道遇行人正在通过时没有停车让行、未立即抢救受伤人员并及时报警且未按规定戴安全帽，因此承担事故的全部责任，钟某英无责任。2018年1月9日，钟某英向法院起诉，法院依法作出（2018）粤0305民初668号民事判决，判令黄某标应于本判决生效之日起十日内支付钟某英198233.06元；

陈某文对上述支付义务承担连带赔偿责任；黄某标承担上述支付义务后，可向陈某文追偿。后黄某标于2018年8月27日向钟某英履行上述款项。

【案件焦点】

1. 雇员在送货过程中因重大过失导致交通事故，雇主对外承担责任后，可否向雇员行使追偿权；2. 雇主如存在过错，责任如何划分。

【法院裁判要旨】

广东省汕头市潮阳区人民法院经审理认为：陈某文系黄某标的雇员，在其送货回店途中，驾驶车辆发生交通事故，造成钟某英受伤，并被交警部门认定其对涉案事故负全部责任，对事故的发生存在重大过失。在事故发生后，黄某标作为雇主承担连带责任，向钟某英支付了全部赔偿款。根据《最高人民法院关于审理人身损害赔偿案件适用法律若干问题的解释》第九条第一款规定，雇员在从事雇佣活动中致人损害的，雇主应当承担赔偿责任；雇员因故意或重大过失致人损害的，应当与雇主承担连带赔偿责任。雇主承担连带赔偿责任的，可以向雇员追偿。因此，黄某标有权向其雇员陈某文进行追偿。但考虑到雇主黄某标明知自己的车辆无牌无证不能上路行驶且陈某文无驾驶证，仍安排陈某文驾车为其运送货物，存在一定的主观过错，对此次事故应当承担一半的责任。

广东省汕头市潮阳区人民法院依照《中华人民共和国侵权责任法》第六条，《最高人民法院关于审理人身损害赔偿案件适用法律若干问题的解释》第九条第一款和《中华人民共和国民事诉讼法》第一百四十四条之规定，判决：

陈某文于本判决生效之日起十日内支付黄某标赔偿款99116.53元。

【法官后语】

作为衡平雇主、雇员、受害人三方利益的有效途径，雇主追偿权的存在具有充分的正当性与合理性，本案的焦点在于雇主承担替代责任后是否享有追偿权及具体的追偿数额如何确定。

1. 所谓追偿权，是指权利人基于法定或约定事由，替代义务人承担责任后对义务人享有的追回自己经济损失的权利。雇主追偿权即雇主在承担雇主责任，向受害人支付侵权损害赔偿后，享有的要求雇员承担自己所受经济损失的权利。

雇主追偿权的存在基础，在于雇主与雇员之间的不真正连带债务。所谓不真正连带债务，是指多数债务人就基于不同原因而偶然产生的同一给付，各负全部履行之义务，并因债务人之一的履行而使全体债务均归于消灭的债务。不真正连带债务中追偿权存在的重要前提是，债务人中存在最终责任人。在侵权之债所引发的不真正连带债务中，由于侵权行为的成立必须以损害结果的发生为必要要件，故其行为直接导致损害结果产生的一方为最终责任人。

就雇主责任的发生过程而言，可以分为两个阶段：一为雇员实施了侵权行为造成损害后果；二为雇主依照法律要求向受害人一方承担替代责任。此时便产生了两个相对独立的债务，即雇主由于替代责任和雇员由于侵权行为分别所应为的给付。首先，二者产生的原因不同，前者出于自己实施的侵权行为，后者则出于法律的特别规定；其次，二者给付义务的重合出于偶然，雇主与雇员之间显然不存在与实施侵权行为相关的共同主观意愿；最后，在雇员出于故意或重大过失实施侵权时，二者各自的责任具备独立性，均应对受害人全部给付。而由侵权之债构成的不真正连带债务中，侵权行为实施者为最终责任人。因此，雇员一方作为不真正连带之债的最终责任人，黄某标作为雇主承担了不真正连带责任后有权向陈某文进行追偿。

雇主追偿权的存在，有助于督促雇员履行在职务行为中应尽的注意义务，保障雇主的合法权益。在实践中，虽然雇员是基于雇主的利益并按照雇主的指示从事活动，但是雇员在从事雇佣活动中自主性非常大。本案中，雇员陈某文作为具有完全民事行为能力的成年人，有充分了解道路状况的责任，并在工作中负有高度谨慎驾驶的义务，如果雇员对自己故意或者重大过失的行为无须承担任何责任，显然违背了公平原则，这也不利于雇员在从事雇佣活动中风险意识的提高。

2. 雇主黄某标赔偿因交通事故产生的损失后，可以通过行使追偿权来弥补自己的损失。在确定具体追偿数额时，应当考虑到雇主是否也存在过错。在雇员从事雇佣活动时，雇主必须保证其提供的交通工具合法安全，同时对雇员是否有驾驶资格负有审核义务，并对其从事的雇佣活动进行必要的管理和监督。在本案中，雇主黄某标明知自己的车辆无牌无证不能上路行驶且雇员陈某文无驾驶证，仍安排雇员陈某文驾车为其运送货物，存在一定的主观过错，对此次事故应当承担一半的责任。从法理上说，任何人都要为自己的侵害行为承担责任，这也遵循了公平原则的基本要求。

编写人：广东省汕头市潮阳区人民法院　李楚彬

五、赔偿协议与标准

38

关于多次工伤鉴定赔偿标准一致，误工期标准的认定

——刘某某诉徐某某、某建工公司提供劳务者受害责任案

【案件基本信息】

1. 裁判书字号

云南省昆明市禄劝彝族苗族自治县人民法院（2019）云0128民初1042号民事判决书

2. 案由：提供劳务者受害责任纠纷

3. 当事人

原告：刘某某

被告：徐某某、某建工公司

【基本案情】

2018年10月，某建工公司承包建设了乌东德水电站半角至新村公路地质灾害和水土保持整治工程，同时将部分工程分包给徐某某负责施工，2018年10月18日开始，徐某某雇佣刘某某到龙头山隧道护坡工程工地做工，2018年10月20日下午17时，刘某某在爆破施工的地方不幸被膨胀剂炸伤双眼，事故发生后刘某某被送往皎平渡镇卫生院及禄劝县人民医院治疗，后转至云南省第二人民医院治疗，被医院诊断为双眼碱烧伤、双眼角结膜异物等。刘某某的伤情经云南维权司法鉴定中心鉴定为四级伤残，后由云南鼎丰司法鉴定中心重新鉴定为五级伤残。

【案件焦点】

1. 刘某某在两家鉴定机构鉴定结果不一致，应采信哪一机构的鉴定结果；2. 刘某某在两家鉴定机构鉴定赔偿标准等次相同，误工期应计算至哪次鉴定结构出具鉴定结果之日截止。

【法院裁判要旨】

云南省昆明市禄劝彝族苗族自治县人民法院经审理认为：关于本案中双方当事人之间是否构成雇佣关系及提供劳务受害，法院从以下几个方面综合考虑：一是刘某某受徐某某管理指挥，由其发放工资，刘某某所从事的劳动直接受益主体是徐某某，二者之间已经符合雇佣关系的特征；二是刘某某受伤地点在工地上，受伤原因也与施工作业有关，根据证人李某亮的陈述，刘某某当时系尾随工地管理人员一起前往查看，综上，刘某某的受伤应视为在提供劳务的过程中导致，徐某某应当对刘某某的伤情承担相应责任。

关于本案中某建工公司是否应当承担连带责任的问题，法院从以下两个方面综合考虑：一是徐某某作为工程承包方，应当可以预见填充膨胀剂后存在的危险性，但在刘某某靠近事故发生地的过程中，未有证据证实安全员或工地管理人员对其进行劝阻引导，也未有证据证实被告徐某某对填充膨胀剂的施工地点设置安全防护措施，故徐某某未尽到安全监督、管理的责任，未能保障施工作业的安全环境，对于事故的发生具有过错；二是某建工公司将“乌东德水电站半角至新村公路地质灾害和水土保持整治工程”发包给不具备资质的徐某某施工，其对于工地的安全条件、安全监督以及对于雇工的指挥管理均存在风险，由此引起本案中的事故发生，应当承担连带责任。

关于刘某某在本案中是否存在过错的问题，法院认为，刘某某作为完全民事行为能力人，应当能够预见填充膨胀剂爆破石块的高度危险性，其不仅未能远离爆破施工地点，反而因过于靠近导致受伤，刘某某自身对于损害结果的发生具有一定的过错，法院综合双方当事人的过错程度、事故发生的经过，确认刘某某对损害后果承担 20% 的责任。

关于本案中刘某某的经济损失，其中医疗费部分，刘某某主张 6259 元，经法院核实，符合法律规定的形式要求的票据总额为 5479 元；关于护理费部分，刘某某主张 800 元，结合医疗机构出具的证明，刘某某的主张并无不当，法院予以支持；关于住院伙食补助费，刘某某主张500元，刘某某的主张并无不当，法院予以支持；关于后期治疗费，有司法鉴定机构出具鉴定意见说明，在徐某某、某建工公司未能提交相反证据加以反驳的情况下，法院确认为5000元；关于误工费及误工期的计算，法院结合以下两个方面考虑：一是在本案中，法院组织当事人双方共同委托了云南鼎丰司法鉴定中心进行了重新鉴定，并以新的鉴定结论为参考依据，故定残日期应当以新的鉴定结论作出之日为依据，二是刘某某自2018年10月20受伤后，于2019年1月23日进行司法鉴定，于2019年5月起诉至法院，后因徐某某、某建工公司提出重新鉴定于2019年8月15日再次进行司法鉴定，在定残过程中刘某某并未存在不适当的拖延误工期的情况，按照第二次的定残日期计算并不违反法律的规定，故法院对于刘某某主张的320天误工期予以认可，将误工费确认为51200元；关于残疾赔偿金的计算，刘某某的主张并无不当，法院将其确认为129216元；关于委托云南维权司法鉴定中心鉴定所产生费用，因系刘某某单方委托，且未被法院采信，故应自行承担该笔费用；关于营养费250元，因没有医疗机构出具的医嘱、证明加以证实，故法院不予确认；关于交通费2000元，刘某某提交的证据无法证实与本案的关联性，但考虑到刘某某受伤后确实进行了转院、复诊，再结合刘某某的伤情，法院酌情认定500元；关于精神损害抚慰金，考虑到刘某某的伤残等级已达五级伤残，且系双眼受伤，确实给其生活、心理造成了一定的影响，法院将结合当事人双方的过错程度，酌情认定5000元（已结合过错程度，后续不再按责任比例扣减）。

故刘某某的经济损失为：医疗费5479.59元、护理费800元、后期治疗费5000元、住院伙食补助费500元、误工费51200元、残疾赔偿金129216元、交通费500元以及精神损害抚慰金5000元，结合双方当事人的过错程度，徐某某应当赔偿刘某某159156.47元。扣除徐某某已经支付的10000元，还应当给付剩余149156.47元。

云南省昆明市禄劝彝族苗族自治县人民法院依据《中华人民共和国侵权责任法》第八条、第十六条、第三十五条，《最高人民法院关于审理人身损害赔偿案件适用法律若干问题的解释》第十一条、第十九条、第二十条、第二十一条、第二十二条、第二十三条、第二十四条、第二十五条、第二十六条、第二十八条，《中华人民共和国民事诉讼法》第六十四条的规定，判决：

一、徐某某于本判决生效后六十日内赔偿刘某某经济损失149156.47元；

二、某建工公司对上述经济损失承担连带赔偿责任；

三、驳回刘某某的其余诉讼请求。

【法官后语】

本案中所述的鉴定结果出具之日即定残之日涉及误工费与残疾赔偿金的计算，事关受害者合法权益的保障以及对受害者受损后损害的填补，必须注重适用法律规范合理有据，充分体现人道主义关怀和凸显法律的社会价值，随着近年来大量工程建设非法分包和转包导致频频出现工程施工中劳务者受害致损，而其中又有相当一部分工程承包者不具有相关资质也未对提供劳务者进行系统的上岗培训和安全意识教育，事故发生时又不愿意或者是没有能力去承担提供劳务者损害的责任，以致此类纠纷时有发生。

当前随着务工人员维权意识的增强，受害者往往在遭受损害与工程负责人协商未果后，第一时间就将矛盾纠纷诉至法院，许多当事人就自行到各种鉴定机构鉴定自身所遭受损害的等级，以获得合法的诉求依据，但在鉴定的这个过程中各类鉴定机构专业水平参差不齐，难以使对方当事人在法庭庭审中采信，提出重新共同委托使双方都信服的鉴定结构进行鉴定，在有的个案中就会出现各个鉴定结构出具的鉴定结果有所偏差，在庭审中法庭对于采信哪个机构哪一次的鉴定作为定残之日，就成为法律评价中的一个重要对象。根据我国《最高人民法院关于审理人身损害赔偿案件适用法律若干问题的解释》中第七条第二款的规定："误工时间根据受害人接受治疗的医疗机构出具的证明确定。受害人因伤致残持续误工的，误工时间可以计算至定残日前一天。"第十二条第一款规定："残疾赔偿金根据受害人丧失劳动能力程度或者伤残等级，按照受诉法院所在地上一年度城镇居民人均可支配收入或者农村居民人均纯收入标准，自定残之日起按二十年计算。但六十周岁以上的，年龄每增加一岁减少一年；七十五周岁以上的，按五年计算。"两个条款对于应采信哪一类鉴定机构、哪一次的鉴定结果虽然未作明确规定，但是依据双方当事人意思自治的原则及法律法规中维护受害者权益的相关规定，采用双方共同委托的并都予以认可的鉴定机构鉴定结果作为定残日的标准比较合理并更加有利于保护受害者的合法权益以维护公平正义。

就本案而言，刘某某自行到云南维权司法鉴定中心鉴定所得出鉴定结果属于单方委托，也并未得到对方当事人的认可，所以第一次单方委托的鉴定行为只能视为刘某某进行了鉴定活动，并不能作为定残之日，以此为界点进行残疾赔偿金和误工费的索赔；第二次刘某某与某建工公司共同委托云南鼎丰司法鉴定中心重新进行鉴定是在双方一致同意的情况下得出的鉴定结果，其效力明显超过第一次刘某某单方委托得出的鉴定结果的效力。所以对于第二次双方共同委托鉴定所得的鉴定结果，应予以采信，并以第二次鉴定结果作为定残之日。

编写人：云南省昆明市禄劝彝族苗族自治县人民法院　李志涛

39

赔偿协议内容应以当事人真实意思表示解释

——张某兰、刘某璇诉王某颖等提供劳务者受害责任案

【案件基本信息】

1. 裁判书字号

北京市第三中级人民法院（2019）京03民终10021号民事判决书

2. 案由：提供劳务者受害责任纠纷

3. 当事人

原告（被上诉人）：张某兰、刘某璇

被告（上诉人）：高某明、王某颖

被告（被上诉人）：尚某伟、符某勇、张某玉

【基本案情】

张某玉系涉诉建造的位于北京市顺义区南法信地区×村北大街×号房屋的所有人即发包人。张某玉将建造房屋的工程以包工包料的方式发包给符某勇，符某勇又将该安装楼板工作分包给尚某伟，尚某伟、高某明和王某颖安装楼板，高某明和王某颖找到刘某、甄某友等工人进行实际施工。2018年6月4日，在工程现场，在未采取任何安全防护措施的情况下刘某等进行高处作业，刘某从二层楼顶摔到地面死

亡。事发后高某明、王某颖与张某兰、刘某璇签订了《赔偿协议书》，约定一共支付赔偿款75万元，由高某明、王某颖各负担20万元，保险支付10万元，剩余25万元由高某明、王某颖配合张某兰、刘某璇向其他责任方主张权利，如协商不成，张某兰、刘某璇可依据法律程序解决。后高某明、王某颖支付40万元及保险10万元，剩余25万元无人支付。张某兰、刘某璇起诉要求高某明等连带赔偿25万元并负担诉讼费。

【案件焦点】

1. 本案中谁是适格的赔偿义务人；2. 高某明、王某颖是否应继续承担连带赔偿责任。

【法院裁判要旨】

北京市顺义区人民法院经审理认为：张某玉将建房工程交由符某勇进行施工，符某勇按照张某玉要求完成工作交付成果，张某玉与符某勇间形成承揽合同关系。符某勇将楼板安装工程分包给尚某伟施工，形成分包合同关系。尚某伟又将楼板安装工程分包给高某明、王某颖施工，尚某伟与高某明、王某颖形成分包合同关系。高某明、王某颖雇用刘某从事安装楼板相关工作，刘某在提供劳务过程中死亡，高某明、王某颖作为接受劳务一方，应承担损害赔偿责任。而高某明、王某颖系没有安全生产设施和条件的个人，尚某伟将工程分包给高某明、王某颖系违法分包，应承担连带赔偿责任。符某勇将工程分包给没有安全生产设施和条件的个人，亦应承担连带赔偿责任。张某玉将楼板安装工程交给不具备安全生产设施和条件的符某勇施工，其对承揽人的选任存在过错，与符某勇构成共同侵权，应与承揽人承担连带赔偿责任。刘某作为长期从事楼板安装工作的完全民事行为能力人，对于施工中应采取安全防护措施，但其未尽到审慎的注意义务，存在一定过错，可以减轻高某明等的赔偿责任。综上所述，高某明、王某颖、尚某伟、符某勇、张某玉均为本案适格的赔偿义务人。对于高某明、王某颖主张已经签署《赔偿协议书》，不同意继续承担赔偿责任的辩解意见，法院认为，根据《赔偿协议书》记载，25万元由受害人向施工现场的房主人、承包建筑商、楼板商主张权利，高某明、王某颖予以配合。上述约定张某兰、刘某璇并未明确放弃继续要求高某明、王某颖承担责任的权利，现高某明、王某颖系本案中适格的赔偿义务人，应承担继续赔偿的法律责任。

经核对张某兰、刘某璇因此事故造成的损失数额，在考虑减轻高某明等赔偿责任的基础上，《赔偿协议书》中确定总的赔偿款75万元并无不当，现张某兰、刘某璇要求高某明等继续赔偿25万元，予以支持。

北京市顺义区人民法院依照《中华人民共和国侵权责任法》第六条、第十一条、第十六条、第二十六条、第三十五条及《最高人民法院关于审理人身损害赔偿案件适用法律若干问题的解释》第十条、第十一条、第十七条之规定，判决：

高某明、王某颖赔偿张某兰、刘某璇各项损失共计二十五万元，尚某伟、符某勇、张某玉承担连带赔偿责任。

高某明、王某颖不服一审判决，提起上诉。

北京市第三中级人民法院经审理同意一审法院裁判意见，依照《中华人民共和国民事诉讼法》第一百七十条第一款第一项规定，判决：

驳回上诉，维持原判。

【法官后语】

《赔偿协议书》确定了王某颖、高某明的配合义务，也就是王某颖、高某明应协助张某兰、刘某璇向其余责任方主张剩余25万元的赔偿事宜。《赔偿协议书》亦明确约定如协商不成，张某兰、刘某璇可依据法律程序解决。此表述虽未详细说明如何依照法律程序解决，但从文义解释，赋予了张某兰、刘某璇有依法向所有责任方主张损失的权利，并未排除王某颖、高某明仍有继续承担责任的义务。如张某兰、刘某璇在《赔偿协议书》中明确放弃了对王某颖、高某明主张剩余25万元的权利或在签订《赔偿协议书》之后有明确放弃主张权利的意思表示，则本案中张某兰、刘某旋即无权要求王某颖、高某明继续承担赔偿责任，否则，王某颖、高某明作为雇主应按照法律规定承担相应的赔偿责任。在《赔偿协议书》的部分内容产生分歧时，应以双方真实意思表示来进行分析，张某兰、刘某璇的真实意思应为按照法律程序获得所有的赔偿款，王某颖、高某明的真实意思应为如果赔偿款的给付协商不成，张某兰、刘某璇有权依法获得赔偿，高某明、王某颖在明知自己为责任一方情形下仍作出上述意思表示，即应接受该意思表示产生的相应法律后果。一审法院认定王某颖、高某明应继续承担给付责任是正确的。

对于其他被告是否应该承担法律责任问题，根据查明的事实可知，张某玉系建房工程的发包方，虽然其建造的房屋系农村房屋，并非建筑法规定的建设工程，不需要施工资质，但所建房屋为二层结构房屋，受害人刘某在高于基准面2米以上进行高处作业时，其自身需要具备高处作业相关资质并在提供高处作业的安全防护措施下进行作业，张某玉将工程交由符某勇施工，张某玉与符某勇形成承揽合同关系，张某玉作为定作人，对于承揽人的高处作业资质及安全措施具有审核义务，其选任符某勇存在过失，应对事故的发生承担相应的赔偿责任。符某勇在承揽建房工程后，将部分工程分包给同样不具备高处作业资质和安全措施条件的尚某伟进行施工，亦应按照法律规定承担相应的赔偿责任。尚某伟应承担责任的理由同符某勇一致。高某明、王某颖系接受劳务一方，刘某作为提供劳务一方，因劳务造成自身损害的，按照过错承担责任，刘某具有未尽审慎注意义务和放任自身安全的过错行为，可以减轻高某明、王某颖的赔偿责任。

编写人：北京市顺义区人民法院　张蕾

六、义务帮工的认定与责任承担

40

义务帮工人受害责任纠纷中承担责任的主体及责任比例划分

——谌某发诉戴某平等义务帮工人受害责任案

【案件基本信息】

1. 裁判书字号

湖北省宜昌市中级人民法院（2019）鄂05民终1727号民事判决书

2. 案由：义务帮工人受害责任纠纷

3. 当事人

原告（上诉人）：谌某发

被告（上诉人）：安琪公司

被告（被上诉人）：三元公司

被告：戴某平、鼎泰公司

【基本案情】

2018年6月，安琪公司将吊卸货物的工作交由专业提供起重、装卸服务的鼎泰公司完成。随后，鼎泰公司将上述工作转交给经营范围包含货物装卸的三元公司，三元公司安排其公司员工戴某平驾驶汽车式起重机为安琪公司提供起重、装卸服务。2018年6月27日，谌某发按照安鑫公司的要求驾驶轻型普通货车向安琪公司发送钢板。在钢板的吊卸过程中，谌某发在帮助戴某平驾驶的汽车式起重机挂扣丝绳时，丝绳突然断裂，货物掉落砸中谌某发，致其受伤。

事发当日，谌某发被送往三峡大学附属仁和医院进行救治，被诊断为“1. 左踝关节骨折脱位；2. 脱皮血肿；3. 颈部软组织损伤、颈椎间盘突出症；4. 第三跖骨基底骨折”。2018年7月17日，谌某发住院20天后得以出院。出院医嘱：“1. 带药医嘱：无；2. 生活医嘱：清淡饮食，休息三月、加强陪护，左下肢不负重，适当功能锻炼；3. 复诊医嘱：出院四周左右来院复诊，不适随诊。4. 根据骨折愈合情况，出院两月左右来院取出下胫腓螺钉、术后一年左右行内固定物取出。”2018年9月25日，谌某发再次来到三峡大学附属仁和医院进行治疗，被诊断为“取出内固定装置；陈旧性左踝关节骨折”。2018年9月28日，谌某发住院3天后得以出院。出院医嘱：“1. 带药医嘱：无；2. 生活医嘱：清淡饮食，休息三月，保持切口干燥，七日后拆线；左下肢保护下负重（扶拐），适当功能锻炼。3. 复诊医嘱：出院六周左右来院复诊，建议内科就诊诊治高尿酸及肾功能不全，不适随诊。”2018年6月27日至2018年9月28日治疗期间，谌某发支付医疗费40600.85元，交通费128.5元。戴某平向谌某发垫付医疗费25000元。2018年9月29日，宜昌仁和司法鉴定所经谌某发委托鉴定，作出《司法鉴定意见书》，载明：“1. 被鉴定人谌某发因外伤造成左踝关节骨折脱位致左踝关节功能丧失70%的伤残等级为十级；2. 被鉴定人谌某发左腓骨钢板及左后踝螺钉取出术的后续治疗费约为人民币17000元（大写：壹万柒仟元）。3. 被鉴定人谌某发左胫腓骨骨折术后且需二次手术治疗的误工日为120日，护理时间为110日，营养时间为90日。”

同时查明，谌某发在受伤前，与其妻黄某瑜从事货物运输工作，并取得了《中华人民共和国道路运输经营许可证》；其二人于2003年2月2日生育一子，名为谌某洋，谌某洋跟随二人共同生活。

另查明，戴某平取得准驾车型为A2的机动车驾驶证，并具有操作起重机械作业的《中华人民共和国特种设备作业人员证》。三元公司于2017年8月28日向人民财保宜昌分公司投保包含第三者责任保险（责任限额为500000元）在内的机动车商业保险，保险期限为2017年8月29日至2018年8月28日。

【案件焦点】

义务帮工人受害责任纠纷中，承担责任的主体及责任比例如何划分，赔偿数额如何认定。

【法院裁判要旨】

湖北省宜昌市伍家岗区人民法院经审理认为：本案并非提供劳务者在提供劳务的过程中遭受人身损害引起的纠纷，而系为他人无偿提供劳务的义务帮工人，在其义务劳动中遭受人身损害，与接受其无偿提供劳务的一方就承担赔偿责任而引起的纠纷，应当定性为义务帮工人受害责任纠纷。

一、承担责任的主体及责任比例的划分

本案中，谌某发在未收取戴某平劳务报酬的情况下，为其提供挂扣丝绳的服务，谌某发应为义务帮工人。虽然谌某发的损害是由戴某平操作起重机时造成的，但戴某平系按照三元公司的安排履行职务，三元公司应为义工使用人，谌某发与三元公司形成帮工与被帮工的法律关系。故谌某发因帮工行为而遭受的损失应由三元公司承担赔偿责任。但鼎泰公司将其承揽的工作转交专业从事货物装卸的三元公司后，难以对三元公司作业进行安全风险管控，鼎泰公司既非定作人亦非收益人，不应承担赔偿责任。而安琪公司虽在选任过程中不存在过失，但其在作业中疏于安全管理，未明确作出拒绝无资质帮工人参与作业的指示，其作为帮工行为的实际收益人，对于谌某发遭受的损失应当承担相应的赔偿责任。而人民财保宜昌分公司与谌某发不存在法律关系，仅与三元公司存在保险合同关系，与本案非同一法律关系，基于合同的相对性原则，谌某发要求人民财保宜昌分公司共同承担赔偿责任的诉请，无事实和法律依据，法院不予支持。再则，谌某发作为一名货车司机，其应明知不具备操作起重机、挂扣丝绳的工作经验，贸然实施帮助行为，谌某发本人亦存有过失，应适当减轻三元公司、安琪公司的赔偿责任。法院酌情认定谌某发与三元公司、安琪公司之间的责任比例为10%、80%、10%。

二、关于谌某发赔偿数额的认定

法院结合当事人提交的证据和质证意见，依照《最高人民法院关于审理人身损害赔偿案件适用法律若干问题的解释》的规定，法院依法确认以下各项损失：(1)医疗费40600.85元，结合双方均认可的鉴定意见，后期治疗费为17000元；(2)护理费根据护理人员的收入状况、护理期限确定。谌某发未提交护理人员的工资收入，以上一年度居民服务、修理和其他服务业35214元/年为计算标准，护理期限结合医嘱及鉴定意见为110天，故护理费为10612.44元；(3)误工费应根据谌某发的误工时间和收入状况确定，谌某发受伤前系从事货物运输工作，因其未提交其近三年的平均收入，法院只能按照交通运输、仓储和邮政业 64574 元/年的标准计算，误工时间根据两次住院医嘱全休 3 个月及住院时间，为 184 天，故误工费为 32552.37 元；（4）住院伙食补助费 690 元；（5）营养费无医嘱，法院不予支持；（6）交通费 128.5 元，有票据为证，法院予以支持；（7）残疾赔偿金，谌某发居住地、收入来源均在城镇，以城镇居民人均可支配收入为计算标准较为适宜，结合十级伤残的鉴定意见，残疾赔偿金为 63778 元；（8）鉴定费 2280 元；（9）被抚养人谌某洋为未成年人，由谌某发、黄某瑜共同抚养，在谌某发受伤时年仅 15 岁 5 个月，则被抚养人生活费为 2748.15 元；（10）精神损害抚恤金，结合谌某发伤残等级，法院酌定 2000 元。上述各项费用合计 172390.31 元。结合谌某发与三元公司、安琪公司之间的责任比例，三元公司应承担的赔偿金额为 137912.25 元，扣减戴某平已先行赔付医药费 25000 元（该部分由戴某平与三元公司另行结算），三元公司还应向谌某发赔付损失 137912.25 元；安琪公司应承担的赔偿金额为 17239.03 元；剩余 17239.03 元应由谌某发自行承担。

湖北省宜昌市伍家岗区人民法院依照《中华人民共和国合同法》第二百五十一条，《中华人民共和国侵权责任法》第二十六条，《最高人民法院关于审理人身损害赔偿案件适用法律若干问题的解释》第十条、第十四条、第十九条、第二十条、第二十一条、第二十二条、第二十三条、第二十四条、第二十五条、第二十八条，《最高人民法院关于民事诉讼证据的若干规定》第二条之规定，判决：

一、三元公司于本判决生效之日起十日内赔偿谌某发各项损失 137912.25 元；

二、安琪公司于本判决生效之日起十日内给予谌某发补偿金 17239.03 元；

三、驳回谌某发的其他诉讼请求。案件受理费 634 元（已减半收取），由谌某发负担 63.4 元、三元公司负担 507.2 元、安琪公司负担 63.4 元。

谌某发、安琪公司不服一审判决，提起上诉。

湖北省宜昌市中级人民法院经审理认为：承揽人在完成工作过程中对第三人造成损害或者造成自身损害的，定作人不承担赔偿责任。但定作人对定作、指示或者选任有过失的，应当承担相应的赔偿责任。本案中，安琪公司虽在承揽人的选任上并无过失，但依据其与鼎泰公司签订的《起重吊车合同》，其负有协调安全方面工作的义务，并监督承揽人及其现场人员带好合格的安全帽及听从安琪公司现场人员的管理和指挥，即合同明确约定安琪公司对吊装现场的安全负有管理职责，而本案中，安琪公司在明知谌某发未佩戴安全帽即进场协助挂扣丝绳而未予以制止，未尽到管理职责，一审判令其对谌某发的损害承担 10% 的责任并无不当。需要说明的是，虽然《起重吊车合同》系安琪公司与鼎泰公司之间签订，但三元公司系基于鼎泰公司之间的承揽合同而为本案所涉承揽任务，即三元公司的吊装行为应视为鼎泰公司的行为，安琪公司同样应按《起重吊车合同》的约定履行吊装现场的安全管理义务。据此，对安琪公司主张其不应承担责任的上诉理由，不予支持。

湖北省宜昌市中级人民法院依照《中华人民共和国民事诉讼法》第一百七十条第一款第一项之规定，判决：

驳回上诉，维持原判。

【法官后语】

义务帮工为我国独有的为他人行为责任的形式，它是我国社会生活，特别是农村社会生活中经常发生的现象。邻里之间互相帮助对于促进社会和谐具有积极意义。义务帮工是指为了满足被帮工人生产或生活等方面的需要，没有义务的帮工人不以追求报酬为目的，为被帮工人无偿提供劳务或服务的行为。根据《最高人民法院关于审理人身损害赔偿案件适用法律若干问题的解释》的相关条文可以看出，对于被帮工人未明确拒绝，义务帮工人在帮工过程中因帮工活动自身受到损害的，适用无过错责任归责原则，由被帮工人对帮工人的损害予以赔偿。

关于责任主体的适格性方面，该案中鼎泰公司并非案件的收益人，且难以对三元公司的作业进行预测与管控，故不应承担赔偿责任。同时，虽然三元公司在人民财保宜昌分公司投保有第三者责任保险，但根据合同的相对性，谌某发不是保险合同的相对人，其无权直接起诉人民财保宜昌分公司，因此谌某发诉人民财保宜昌分公司没有法律依据。

关于责任的承担比例及数额方面，对于受益范围，需要结合被帮工人的受益范围及经济情况，按照谌某发即帮工人因身体健康所受损失的一定比例来确定。该案中，帮工人谌某发为被帮工人三元公司提供了无偿劳务，其便对谌某发负有相应的人身保护责任，且客观上三元公司作为收益人也增加了利益，因此对于谌某发的损害，其应当承担相应的赔偿责任。谌某发自身作为一名货车司机，在不具备相应工作经验的前提下贸然相帮，亦需要为本人的过失承担责任。安琪公司作为最终的实际收益人，对吊装现场负有安全保障及管理职责，该案中，安琪公司明知谌某发未佩戴安全帽便进场而未予以制止，法院判令其对谌某发的损失承担责任并无不当。

编写人：湖北省宜昌市伍家岗区人民法院　金晓芹

41

义务帮工中存在多个被帮工人时责任认定问题

——高某帅诉江某世、吕某洲义务帮工人受害责任案

【案件基本信息】

1. 裁判书字号

山东省青岛市即墨区人民法院（2019）鲁0282民初1429号民事判决书

2. 案由：义务帮工人受害责任纠纷

3. 当事人

原告：高某帅

被告：吕某洲、江某世

【基本案情】

江某世从事集装箱活动板房制作工作，并在青岛市即墨区湘江二路东端开设一处工厂用于制作。高某帅曾经为江某世介绍过制作板房工程，吕某洲与高某帅系同村朋友。2016年，吕某洲需要制作一处活动板房，经高某帅、吕某洲、江某世三人商议，吕某洲支付江某世8000元，由江某世的工人在其工厂内为吕某洲制作活动板房，高某帅帮忙偶尔到现场查看制作进度。2016年5月4日，该活动板房外观基本完成，吕某洲欲将其用吊车运输至家中进行室内装修，高某帅踩着梯子到达集装箱顶部为吊车挂吊钩，因集装箱顶部湿滑、侧面有脊，高某帅脱鞋赤脚前行，不慎自高约3米的集装箱顶部跌落受伤。高某帅受伤后，随即到即墨市人民医院治疗，经诊断，高某帅腰椎爆裂骨折并脊髓损伤，腰椎横突骨折（L1双）。后双方就赔偿问题协商，高某帅诉至法院。

【案件焦点】

1. 本案是否为义务帮工案件；2. 被帮工人、义务帮工人责任如何划分。

【法院裁判要旨】

山东省青岛市即墨区人民法院经审理认为：本案义务帮工受害责任纠纷，争议焦点系受益人主体问题。根据双方当事人陈述，证人出庭所作证言，高某帅提交的通话录音，江某世提交的通话录音等证据，结合此类工程的一般制作惯例，可以认定吕某洲向江某世支付 8000 元用于制作活动板房，该活动板房在江某世工厂内，由江某世工人制作完成，因此，江某世、吕某洲形成承揽合同关系。江某世辩称其未赚取费用，但未提交证据予以证明，法院不予采纳。吕某洲称高某帅与江某世系合伙关系，吊车费用也是由高某帅联系并支付，根据双方当事人当庭陈述，两份通话录音内容及活动板房制作过程，法院认为在本次的活动板房制作过程中，高某帅与江某世不存在合伙关系，其查看制作进度、给工人记工、联系吊车、到板房顶部挂吊钩等行为，均系无偿提供劳务，属于义务帮工性质，考虑到吕某洲、江某世是承揽合同关系，高某帅的帮工范围既有吕某洲的合同义务，也有江某世的合同义务，两人均为受益人，高某帅在帮工活动中遭受损害，江某世、吕某洲作为被帮工人均应对高某帅受伤承担赔偿责任。高某帅作为完全民事行为能力人，在高约 3 米的板房顶部行走，明知板房顶部湿滑，赤脚前行，其对具有一定危险性的作业缺乏必要的认知和注意，本身存在过错。综合考虑双方当事人关系，高某帅帮工的过程，受伤过程等因素，法院认为对于高某帅受伤的责任，以高某帅承担 30%、吕某洲承担 40%、江某世承担 30% 为宜。

山东省青岛市即墨区人民法院依照《中华人民共和国侵权责任法》第六条、第二十六条、第三十五条，《最高人民法院关于审理人身损害赔偿案件适用法律若干问题的解释》第十四条、第十七条、第十九条、第二十条、第二十一条、第二十二条、第二十五条、第二十八条之规定，判决：

一、吕某洲应于本判决生效后十日内支付高某帅各项经济损失共计 258863.63 元；

二、江某世应于本判决生效后十日内支付高某帅各项经济损失共计 198147.72 元；

三、驳回高某帅的其他诉讼请求。

【法官后语】

根据《最高人民法院关于审理人身损害赔偿案件适用法律若干问题的解释》第五条第一款规定："无偿提供劳务的帮工人因帮工活动遭受人身损害的，根据帮工人和被帮工人各自的过错承担相应的责任；被帮工人明确拒绝帮工的，被帮工人不承担赔偿责任，但可以在受益范围内予以适当补偿。"一般义务帮工案件，帮工人、被帮工人身份较好确认，焦点主要为是否存在无偿帮工行为。但本案纠纷中，高某帅因与江某世、吕某洲关系较好，在吕某洲需要定作活动板房时，帮忙联系江某世为其定作。最终确定吕某洲、江某世均为被帮工人主要基于以下几点考虑：1. 在板房制作过程中，江某世提供场地、其之前工人负责施工，吕某洲支付的8000元亦是交付给江某世，因此虽然江某世辩称未赚取差价、未现场监工，但江某世、吕某洲为承揽加工合同关系较为明确，高某帅之前收取介绍费的行为并不能否认本案的义务帮工属性，因此本案系义务帮工案件。2. 在整个板房过程中，高某帅负责现场监督施工，在江某世、吕某洲的合同关系中，此项行为属于承揽人也就是江某世的义务范围，因此高某帅帮忙查看施工进度的受益主体应为江某世。在工程基本完工后，在将活动板房运输的过程中，高某帅跌落受伤。江某世、吕某洲并未约定工程完工后的取货方式，但是从实际操作中来看，该工程应为上门取货方式，高某帅帮助运输的行为受益主体为吕某洲。3. 虽然从整个施工过程看，江某世、吕某洲均为受益人，但江某世、吕某洲对于高某帅受伤并无共同故意或者过失，不能承担连带责任。但高某帅系在运输过程中受伤，因此吕某洲受益范围更大，高某帅对其的帮工行为与高某帅受伤具有更为直接的因果关系，由吕某洲承担较重的按份责任，江某世承担较轻的按份责任较为适宜。高某帅作为完全民事行为能力人，在高约3米的板房顶部行走，明知板房顶部湿滑，赤脚前行，其对具有一定危险性的作业缺乏必要的认知和注意，本身存在过错，亦应承担一定责任比例。

编写人：山东省青岛市即墨区人民法院　黄妙妙

42

义务帮工关系中受益人的责任承担

——吴某相诉陈某贞等义务帮工人受害责任案

【案件基本信息】

1. 裁判书字号

云南省昆明市中级人民法院（2019）云01民终7466号民事判决书

2. 案由：义务帮工人受害责任纠纷

3. 当事人

原告（上诉人）：吴某相

被告（上诉人）：陈某贞、李某芬

被告（被上诉人）：李某伟、施某存

【基本案情】

本案中，李某伟、施某存系夫妻关系；陈某贞、李某芬系夫妻关系；陈某贞、李某芬系吴某相的舅舅、舅母。

2018年4月，吴某相自昆明返回雪山乡老家看望父母。4月23日陈某贞、李某芬要求在家休息的吴某相帮助其覆盖地膜。上午8时，在覆盖地膜的过程中，李某伟、施某存家的旋耕机不慎掉落陈某贞、李某芬家的田地中，李某伟、施某存请求陈某贞、李某芬帮忙。因旋耕机倒在陈某贞、李某芬的田地中，阻碍了地膜的铺设进度，陈某贞当先帮助拉动旋耕机，其后吴某相也参与拉动旋耕机。因掉落的旋耕机较重，加之田地之间存在落差，李某伟便找来一根绳子拴住旋耕机，施某存、陈某贞拉住绳子的一端，吴某相拉绳子的另一端，由李某伟掌控旋耕机，打算一起将旋耕机拉回李某伟的地里。拉动过程中，李某伟为了获得更大的拉力，始终将旋耕机处于发动状态。吴某相、施某存与陈某贞三人共同用力拉动旋耕机，当旋耕机离开地面，失去泥土的阻力后突然开始转动，吴某相脚下打滑摔向旋耕机并被绞了进去。

吴某相受伤后被送至中国人民解放军昆明总医院住院治疗，共计住院54天，李某伟、施某存为吴某相支付了医疗费用36166.15元、住院期间各类用品费用270元、住宿费2040元及交通费598元。陈某贞、李某芬的儿子通过“轻松筹”网络募捐平台为吴某相筹集治疗费用39977.8元。本次受伤导致吴某相大腿截肢，结肠单腔造瘘。吴某相伤情经云南正大法医司法鉴定中心鉴定构成六级伤残，完全丧失劳动能力，后期医疗费用需3000元；经云南安的好残疾用具评估司法鉴定所鉴定，吴某相需装配大腿假肢，单价20000元/具，三年一换；假肢硅凝胶套4000元/只，一年一换；假肢硅凝胶套锁具3300元/套，三年一换。另查明，吴某相的父亲吴某华、母亲陈某兰，共同生育了包括吴某相在内的四个子女。吴某相与妻子共同生育了儿子吴某权、女儿吴某光。

【案件焦点】

1. 吴某相与陈某贞等之间是否构成义务帮工关系；2. 吴某相损失的责任承担；3. 吴某相的损失范围及赔偿标准。

【法院裁判要旨】

云南省昆明市禄劝彝族苗族自治县人民法院经审理认为：公民的身体健康受法律保护，帮工人因帮工活动遭受人身损害的，被帮工人应当承担赔偿责任。关于吴某相与陈某贞等之间是否构成义务帮工关系的问题，本案的发生是吴某相应陈某贞、李某芬的要求帮助其铺设地膜，而后又因李某伟、施某存的旋耕机翻倒在陈某贞、李某芬的田地里，阻碍了地膜的铺设，吴某相在李某伟多次请求下，参与搬运旋耕机导致事故发生。在搬运旋耕机这一帮工活动中，李某伟、施某存需要将旋耕机恢复原位，而陈某贞、李某芬也需要将旋耕机拉离自己的田地，才能继续完成地膜的铺设。陈某贞、李某芬以未指派或强令吴某相参与帮工为由拒绝承担赔偿责任，但陈某贞、李某芬并未明确拒绝吴某相参与帮工，即以默认的形式接受了吴某相的帮工。吴某相上述帮工行为均是无偿进行的，陈某贞等同为受益人，亦同为被帮工人，吴某相与陈某贞等的义务帮工关系成立。关于吴某相损失的责任承担的问题，依照《最高人民法院关于审理人身损害赔偿案件适用法律若干问题的解释》第十四条的规定：“帮工人因帮工活动遭受人身损害的，被帮工人应当承担赔偿责任。被帮工人明确拒绝帮工的，不承担赔偿责任；但可以在受益范围内予以适当补偿……”李某伟、施某存在旋耕机翻倒后，应当及时关闭机器并应在确保搬运人员安全的情况下进行搬运。因其未能采取有效安全措施，且未尽到安全管理义务，对损害后果的发生有重大过失，故对于吴某相的损失应承担主要责任。根据《中华人民共和国侵权责任法》第八条的规定：“二人以上共同实施侵权行为，造成他人损害的，应当承担连带责任。”陈某贞、李某芬接受吴某相的帮工，在本案中应当与李某伟、施某存共同作为被帮工人一方承担责任。吴某相作为完全民事行为能力人对自己的帮工行为未尽到注意义务，未正确意识到其参与活动的高度危险性，其对损害后果的发生存在过错，应承担相应的民事责任。结合本案实际，吴某相应对其过错承担损失总额10%的责任，由陈某贞等共同承担损失总额90%的责任。关于吴某相的损失范围及赔偿标准的问题，吴某相所受损失应按城镇标准还是按农村标准计算赔偿费用的问题，参照2011年《全国民事审判工作会议纪要》（法办〔2011〕442号）所述：“需要说明的是，在城市经商、居住的农村户口的受害人，应当同时提交经常居住地和主要收入来源地均为城市的证据，二者不能或缺。”吴某相提供的证据不能充分证实吴某相受伤前其与家人在城市连续居住一年以上，故本案的损害赔偿应以农村居民的标准计算。针对吴某相的损失赔偿范围，法院分析认定如下：

1. 医疗费，吴某相受伤后于2019年2月21日在昆明市第一人民医院进行复查，产生医疗费用110元，法院予以支持。

2. 误工费，根据吴某相所提供《工资证明》，吴某相工资为117元/天，计算吴某相于2018年4月23日受伤至定残日前一天2019年2月21日共计304天，产生误工费35568元，法院予以支持。

3. 住院伙食补助费，李某伟、施某存主张吴某相住院期间饮食是由其负责的，但未提供证据予以证实，故法院不予采信。根据《最高人民法院关于审理人身损害赔偿案件适用法律若干问题的解释》第二十三条的规定，吴某相共计住院54天，按每天100元的标准计算，即5400元，法院予以支持。

4. 住院期间护理费，根据《最高人民法院关于审理人身损害赔偿案件适用法律若干问题的解释》第二十一条的规定，按照2017年居民服务、修理和其他服务业在岗职工平均工资63460元/年的标准，吴某相住院54天，共计产生护理费9342元。庭审中，吴某相自认住院期间白天由其家人看护，夜晚由李某伟看护，故法院酌情认定护理费为5000元。

5. 营养费，根据吴某相住院期间医嘱载明“加强营养”，按照营养费50元/天的标准，吴某相住院54天，共计产生营养费2700元，法院予以支持。

6. 鉴定费，根据云南正大法医司法鉴定中心出具票据，吴某相进行伤残等级鉴定用去鉴定费2600元，法院依法予以支持。

7. 后期医疗费，根据云南正大（2019）临床鉴字第19985号《司法鉴定意见书》，吴某相后期医疗费用评估为3000元，法院依法予以支持。

8. 交通费，吴某相未提供相应交通费票据，根据庭审查明情况，吴某相大部分交通费用已由陈某贞等承担，考虑到吴某相出院后复查确会产生交通费用，法院酌情认定为200元。

9. 精神损害赔偿金，根据《最高人民法院关于确定民事侵权精神损害赔偿责任若干问题的解释》第十条之规定，吴某相受伤致残，精神受到损害，结合本案双方当事人过错程度，吴某相精神损害赔偿金法院酌情认定为10000元。

10. 残疾赔偿金，根据《最高人民法院关于审理人身损害赔偿案件适用法律若干问题的解释》第二十五条之规定，按照2017年云南省农村常住居民人均可支配收入9862元/年的标准，按二十年计算，吴某相伤残等级系数为0.5，故残疾赔偿金共计98620元，法院予以支持。

11. 残疾辅助器具费，经云南安的好残疾用具评估司法鉴定所鉴定，吴某相需装配大腿假肢，单价20000元/具，三年一换；假肢硅凝胶套4000元/只，一年一换；假肢硅凝胶套锁具3300元/套，三年一换。该鉴定意见符合《最高人民法院关于审理人身损害赔偿案件适用法律若干问题的解释》第二十六条“残疾辅助器具费按照普通适用器具的合理费用标准计算”之规定。同时根据《最高人民法院关于审理人身损害赔偿案件适用法律若干问题的解释》之规定，残疾赔偿金、受害人因残疾不能恢复生活自理能力的护理期限最长不超过二十年，结合受害人年龄、假肢技术发展及物价指数变动等因素综合考虑，法院酌情支持吴某相更换7次大腿假肢合计140000元；更换假肢硅凝胶套20次合计80000元；更换假肢硅凝胶套锁具7次合计23100元。残疾辅助器具费共计243100元。如超过二十年后，吴某相确需继续配置残疾辅助器具的，可向陈某贞等另行主张。

12. 被扶养人生活费，根据《最高人民法院关于审理人身损害赔偿案件适用法律若干问题的解释》第二十八条第二款“被扶养人有数人的，年赔偿总额累计不超过上一年度城镇居民人均消费性支出额或者农村居民人均年生活消费支出额”之规定，吴某相的被扶养人共有4人，年赔偿总额累计超过上一年度农村居民人均年生活消费支出额的，按各人应得份额比例在2017年云南省农村居民人均消费8027元范围内进行摊分。吴某相及其妻子有未成年子女二人，其中长子吴某权距离成年6年，次子吴某光距离成年12年，子女每人每年生活费为4013.5元；吴某相有六十周岁以上被扶养人二人，兄弟姊妹共4人，其父吴某华距离八十周岁5年，其母陈某兰距离八十周岁19年，吴某相父母每人每年生活费为2006.75元。经计算，长子吴某权生活费为16595.76元；次子吴某光生活费为40676.76元；其父吴某华生活费为6702.55元；其母陈某兰生活费为34395.7元。以上共计产生被扶养人生活费98370.77元。吴某相主张被扶养人生活费239610元，但未提供证据予以证实，故对超出部分法院不予支持。

综上，吴某相的损失能列入赔偿范围的是：医疗费110元、误工费35568元、住院伙食补助费5400元、护理费5000元、营养费2700元、鉴定费2600元、后期医疗费3000元、交通费200元、精神损害赔偿金10000元、残疾赔偿金98620元、残疾辅助器具费243100元、被扶养人生活费98370.77元，共计504668.77元。由吴某相承担损失赔偿总额的10%，即50466.88元；由李某伟、施某存、陈某贞、李某芬承担损失赔偿总额的90%，即454201.89元。

云南省昆明市禄劝彝族苗族自治县人民法院依照《中华人民共和国侵权责任法》第六条、第八条、第十五条第一款第六项、第十六条、第二十六条，《最高人民法院关于审理人身损害赔偿案件适用法律若干问题的解释》第二条、第十四条、第十七条、第十八条、第二十条、第二十一条、第二十二条、第二十三条、第二十四条、第二十五条、第二十六条、第二十八条，《最高人民法院关于确定民事侵权精神损害赔偿责任若干问题的解释》第十条及《中华人民共和国民事诉讼法》第六十四条之规定，判决：

一、由李某伟、施某存、陈某贞、李某芬于判决生效后六十日内共同赔偿吴某相各项经济损失454201.89元；

二、驳回吴某相的其余诉讼请求。

吴某相、陈某贞、李某芬不服一审判决，提起上诉。

云南省昆明市中级人民法院经审理认为：对于吴某相的上诉主张，争议焦点为其残疾赔偿金及被扶养人生活费的计算标准及残疾辅助器具更换年限计算问题。首先，根据本案吴某相所提交证据，并不足以证实其受伤前主要经济收入来源于城镇，亦不足以证实其受伤前系在城镇工作且连续居住一年以上，且吴某相亦未举证证实其家人常住地为城镇，故一审对吴某相的残疾赔偿金及其被扶养人生活费的计算标准按农村居民标准计算并无不当，法院予以维持。其次，对于残疾辅助器具更换年限计算问题，根据《最高人民法院关于审理人身损害赔偿案件适用法律若干问题的解释》之规定，残疾赔偿金、受害人因残疾不能恢复生活自理能力的护理期限最长不超过二十年，一审结合本案事实情况酌情支持吴某相二十年、更换7次大腿假肢符合法律规定，法院予以维持。如超过二十年后，吴某相确需继续配置残疾辅助器具的，可另行主张。综上，吴某相的上诉请求均不能成立，法院不予支持。

对于陈某贞、李某芬的上诉主张，其争议焦点为两人应否承担共同赔偿责任。对此法院认为，陈某贞、李某芬两人对其要求吴某相帮助其铺设地膜的事实并无异议，在李某伟、施某存的旋耕机翻倒在陈某贞、李某芬的田地中，影响铺设地膜工作推进的情况下，吴某相是作为陈某贞、李某芬的义务帮工人参与搬运旋耕机过程中发生事故，一审据此认定吴某相与陈某贞、李某芬、李某伟、施某存四人之间成立义务帮工关系正确且说理充分，法院不再赘述，陈某贞、李某芬主张其不应承担共同赔偿责任的理由不成立，法院不予支持。综上，一审判决认定事实清楚，判决结果并无不当，法院予以维持；吴某相及陈某贞、李某芬的上诉请求及理由均不能成立，法院予以驳回。

云南省昆明市中级人民法院依照《中华人民共和国民事诉讼法》第一百七十条第一款第一项及《诉讼费用交纳办法》第二十九条之规定，判决：

驳回上诉，维持原判。

【法官后语】

义务帮工人在帮工过程中因帮工活动受到损害的，适用无过错责任归责原则，由被帮工人对帮工人的损害予以赔偿，本案中要确定陈某贞、李某芬是否承担共同赔偿责任，就要认定吴某相与陈某贞、李某芬之间是否成立义务帮工关系。吴某相应陈某贞、李某芬的要求到陈某贞、李某芬的田地中帮助陈某贞、李某芬铺设地膜，而李某伟、施某存的旋耕机掉落到陈某贞、李某芬的田地中，已经影响了陈某贞、李某芬地膜铺设工作的开展。吴某相在李某伟的多次请求下，参与搬运旋耕机，可见，吴某相与李某伟、施某存之间也成立义务帮工关系。吴某相帮忙搬运旋耕机的行为也使得陈某贞、李某芬的地膜铺设工作能够继续开展，吴某相帮助搬运旋耕机的行为使得陈某贞、李某芬从中获益，陈某贞、李某芬并未明确拒绝吴某相参与帮工，即以默认的形式接受了吴某相的帮工。所以吴某相与陈某贞、李某芬之间成立义务帮工关系。综上，吴某相与陈某贞、李某芬、李某伟、施某存之间成立义务帮工关系。

对当事人之间的法律关系定性后，根据吴某相与陈某贞、李某芬、李某伟、施某存之间的法律关系，应综合考虑造成损害结果发生的多种因素来划分承担的份额。本案中吴某相作为完全民事行为能力人在义务帮工过程中没有尽到注意义务，未正确意识到其参与活动的高度危险性，其对损害后果发生存在过错，应承担相应的民事责任。李某伟、施某存在旋耕机翻倒后，应当及时关闭机器并应在确保搬运人员安全的情况下进行搬运。因其未能采取有效安全措施，且未尽到安全管理义务，对损害后果的发生有重大过失，故对于吴某相的损失应承担主要责任。根据《中华人民共和国民法典》第一千一百六十八条规定："二人以上共同实施侵权行为，造成他人损害的，应当承担连带责任。"陈某贞、李某芬接受吴某相的帮工，在本案中应当与李某伟、施某存共同作为被帮工人一方承担责任。

根据《最高人民法院关于审理人身损害赔偿案件适用法律若干问题的解释》的规定，疾赔偿金根据受害人丧失劳动能力程度或者伤残等级，按照受诉法院所在地上一年度城镇居民人均可支配收入或者农村居民人均纯收入标准，自定残之日起按二十年计算。但六十周岁以上的，年龄每增加一岁减少一年；七十五周岁以上的，按五年计算。虽然《最高人民法院关于审理人身损害赔偿案件适用法律若干问题的解释》中的城镇居民及农村居民这两个概念并不具有确定性，但在审判实务中通常是结合受害人的户籍所在地、经常居住地、工作地、主要收入来源地、生活消费等因素来确定受害者及被扶养人的居民身份。在本案中吴某相提交的证据不足以证实其受伤前主要经济收入来源于城镇，亦不足以证实其受伤前在城镇工作且连续居住一年以上，且吴某相亦未举证证实其家人常住地为城镇。故吴某相的残疾赔偿金及被扶养人生活费计算标准按农村居民标准计算。

编写人：云南省昆明市禄劝彝族苗族自治县人民法院　李培东

43

义务帮工关系中举证责任的分配及双方受益赔偿责任的界定

——卜某坤诉正祥公司义务帮工人受害责任案

【案件基本信息】

1. 裁判书字号

江苏省东台市人民法院（2019）苏0981民初3874号民事判决书

2. 案由：义务帮工人受害责任纠纷

3. 当事人

原告：卜某坤

被告：正祥公司

【基本案情】

卜某坤持有道路运输从业资格证从事道路运输工作。2018年7月15日，卜某坤驾驶重型半挂牵引车（该车核定载质量为40吨）为正祥公司运输钢坯约100吨，正祥公司按照卜某坤所运钢坯的重量向其支付运费。钢坯运至正祥公司处，卜某坤在帮助正祥公司用撬棒将钢坯分隔开以便行车操作工用吊具将钢坯卸下的过程中，不慎从车厢跌落地面受伤。卜某坤受伤后，住院治疗10天。盐城市第四人民医院司法鉴定所于2019年5月22日出具司法鉴定意见书，其鉴定意见为：（1）卜某坤因从高处摔倒受伤致C3、4椎体及附件多发骨折，C3水平椎管受压，颈部脊髓损伤等，行“颈椎前路减压植骨内固定术”，构成人体损伤九级伤残。（2）建议误工期限为210日，护理期限为90日（住院期间2人护理，出院后1人护理），营养期限为60日。卜某坤支付鉴定费用2089元。事故发生后，正祥公司为卜某坤垫付了80000元。

【案件焦点】

1. 义务帮工关系中的举证责任如何分配；2. 卜某坤在为双方共同利益的行为中受伤产生的损失，责任如何分担；3. 卜某坤要求正祥公司赔偿其损失有无事实和法律依据。

【法院裁判要旨】

江苏省东台市人民法院经审理认为：公民的生命健康权受法律保护。义务帮工是指帮工人自愿、无偿、临时地向帮工人提供劳务，突出特点为无偿性。本案中卜某坤、正祥公司因运输货物而发生合同关系，在庭审中双方均一致认可卜某坤仅负责运输无须卸货，现卜某坤将货物运输到指定地点后，在帮正祥公司卸货的过程中受伤，双方形成义务帮工关系。帮工人因帮工活动遭受人身损害的，被帮工人应当承担赔偿责任。卜某坤在帮助正祥公司用撬棒将钢坯分隔开以便行车操作工用吊具将钢坯卸下的过程中，不慎从车厢跌落地面受伤，正祥公司应承担赔偿责任。但卜某坤驾驶的车辆核定载质量为 40 吨，而卜某坤实际装载钢坯约 100 吨，严重超载，加之卜某坤在车厢上用撬棒分隔钢坯过程中疏忽大意，未能切实加强自我安全保护，以致损害后果的发生，其对损害的发生具有较大过错，可以减轻正祥公司的赔偿责任。关于正祥公司辩称其已明确拒绝帮工行为的问题。被帮工人对帮工人在帮工活动中的人身损害应适用无过错责任原则，只要帮工人在帮工活动中遭受人身、财产损害，被帮工人就应承担赔偿责任，除非被帮工人明确拒绝帮工或损害由第三人造成。卜某坤已经就自己无偿为正祥公司提供帮工行为、因帮工受损的客观事实、人身损害与帮工活动存在因果关系进行了充分的举证。根据“谁主张，谁举证”的原则，正祥公司应举证证明其已明确拒绝帮工的事实成立。结合本案庭审查明的事实及正祥公司的举证情况，卜某坤在帮正祥公司卸货时，正祥公司默认了卜某坤的卸货行为并未加以阻止，应视为未明确表示拒绝。且在卜某坤帮工时未提供安全卸货环境，对卸货过程中的安全防范未予充分提醒，其对卜某坤受伤的损害结果有较大责任。正祥公司辩称其已明确拒绝卜某坤的帮工行为，证据不足，法院不予采信。关于正祥公司辩称卜某坤系因自身利益受伤的问题。庭审中，卜某坤、正祥公司均称双方未谈卸货费用，故卜某坤的该项卸货行为系无偿行为，正祥公司称卜某坤为了多拉快跑创效益，受益人是自己，但结合证人证言及当事人的当庭陈述，卜某坤的卸货行为是善良之举，帮忙卸货完毕、避免货物堆积，主观上可能是为了自己创效益，但客观上也为正祥公司带来了利益，故对正祥公司的抗辩不予采纳。综合本案的实际情况，对卜某坤的各项合理损失，法院酌情认定正祥公司承担60%的赔偿责任，卜某坤自负40%。

经审核，卜某坤因本起事故所产生的合理损失为：1. 医疗费68592.5元，有医疗费票据等为证，予以认定；2. 住院伙食补助费300元；3. 营养费900元；4. 护理费8000元；5. 误工费，事故发生前，卜某坤从事道路运输工作，故误工费可以参照2016年度江苏省道路运输业在岗职工年平均工资66222元计算，同时参照鉴定意见确定的误工时限210天，计算卜某坤的误工费为38100元；6. 残疾赔偿金188800元；7. 精神损害抚慰金10000元；8. 交通费2500元，合计317192.5元。正祥公司应按60%比例赔偿卜某坤190315.5元。正祥公司为卜某坤垫付的80000元从上述理赔款中予以扣减。

江苏省东台市人民法院依照《中华人民共和国侵权责任法》第十六条、第二十六条，《最高人民法院关于审理人身损害赔偿案件适用法律若干问题的解释》第十四条第一款、第十七条、第十八条、第十九条、第二十条、第二十一条、第二十二条、第二十三条、第二十四条、第二十五条，《中华人民共和国民事诉讼法》第六十四条，《最高人民法院关于适用〈中华人民共和国民事诉讼法〉的解释》第九十条规定，判决：

一、扣除已给付的80000元，正祥公司应于本判决生效之日起十五日内赔偿卜某坤受伤造成的各项损失110315.50元；

二、驳回卜某坤的其他诉讼请求。

【法官后语】

帮工是为了满足被帮工人生产或生活方面的需要，没有义务的帮工人不以追求报酬为目的，为被帮工人自愿无偿提供劳务进行帮工，且被帮工人没有明确拒绝而发生的一种社会关系。严格来说，"帮工"一词实际上并非法律术语，而应该是常用的生活用语，在现实生活中，特别是在广大农村，大家已经习惯性地将一方为另一方无偿提供劳务的活动称为帮工。但在帮工过程中往往因为一些意外造成人身损害，此时明确举证责任的分配、厘清帮工行为的意思表示、权衡赔偿责任的分担，有利于收集证据、查明事实，更有利于弘扬社会主义道德风尚。

一、“明确拒绝”的举证证明规则

从相关法律规定可以看出，被帮工人明确拒绝帮工行为的，义务帮工人在活动中致他人或者致己损害的，被帮工人不承担因此而带来的赔偿责任。关键是如何认定“明确拒绝”这一情节，对此，我国没有相关的司法解释。在无偿帮工人因帮工受到人身损害情况下，被帮工人以其明确拒绝帮工而不应当承担赔偿责任为由抗辩的，举证责任应如何分担，本案中，卜某坤已经就自己无偿为正祥公司提供帮工的行为、因帮工受损的客观事实、人身损害与帮工活动存在因果关系进行了充分的举证。根据“谁主张，谁举证”的原则，正祥公司应举证证明其已明确拒绝帮工的事实成立，正祥公司默认了帮工行为，且并未加以阻止，应视为未明确拒绝，就应当承担对无偿帮工人相应的赔偿责任。将明确拒绝帮工的证明责任分配给被帮工人，与抗辩人抗辩理由成立承担证明责任的要求相一致，这种归责原则也符合受益和风险相一致的原则。

二、帮工行为的主观意思表示

义务帮工行为必须处在义务帮工活动中，这是对义务帮工致人损害时的场所限制，义务帮工的形式多种多样，但帮工活动的内容必须是正当、合法的，牟求非法利益的义务帮工活动，不具有构成义务帮工人身损害赔偿责任的可能。本案中，卜某坤帮忙卸货的行为是善意的合法行为，正祥公司称卜某坤为了把货卸完，多拉快跑创效益，受益人是自己，但卜某坤的卸货是善良之举，帮忙卸货完毕、避免货物堆积，主观上可能是为了自己创效益，但客观上也为正祥公司带来了利益。因此，在为双方共同利益的行为中，造成了的损失，应根据双方的过错程度分担责任。

三、责任比例划分的权衡

义务帮工的人身损害赔偿责任是一种特殊的人身损害赔偿责任，帮工活动中被帮工人的赔偿责任适用无过错责任原则，即被帮工人承担责任不以存在过错为要件，只要义务帮工人从事帮工活动受到损害，不管帮工人是否存在过错，被帮工人都要承担责任。本案中，卜某坤、正祥公司因运输货物而发生合同关系，在庭审中双方均一致认可卜某坤仅负责运输无须卸货，现卜某坤将货物运输到指定地点后，在帮正祥公司卸货的过程中受伤，双方形成义务帮工关系。正祥公司在卜某坤帮工时未能提供安全的帮工环境和帮工工具，保证卜某坤的人身安全，对卜某坤受伤的损害结果有较大责任。当然，帮工人卜某坤从事道路运输工作有十年之久，涉案的货车是他从事运输工作的常用交通工具，卜某坤在自己的货车车厢上用撬棒分隔钢坯过程中，疏忽大意，没有尽到足够的审慎注意义务，以致损害后果的发生，其对损害的发生具有一定的过错，可以减轻正祥公司的赔偿责任。综合本案实际，由卜某坤自负40%的责任较为适当。准确地区分帮工人的过错及损害与帮工活动存在的关系可以对被帮工人应付承担责任及承担责任比例进行准确的界定。

编写人：江苏省东台市人民法院　朱婷婷

44

义务帮工人顶楼坠亡责任分担

——杨某库、白某红诉高某勇等义务帮工人受害责任案

【案件基本信息】

1. 裁判书字号

北京市第二中级人民法院（2019）京02民终5976号民事判决书

2. 案由：义务帮工人受害责任纠纷

3. 当事人

原告（上诉人）：杨某库、白某红

被告（上诉人）：杨某松

被告（被上诉人）：高某勇、闫某刚

【基本案情】

2016年2月22日，高某勇从闫某刚处承包了装修工程，闫某刚之妻孙某玲与高某勇签订了书面装修合同，报价单含“彩钢18×300”。高某勇将彩钢棚安装工程口头分包给杨某松，杨某松施工，后派遣杨某超进行维修。2016年11月25日14时，在没有采取任何防护措施的情况下，杨某超到楼顶平台对彩钢棚进行维修时，从楼顶坠落，后被送至医院抢救无效于2016年11月26日0时10分死亡。

经查，杨某超未婚、无子女，杨某超为杨某库、白某红的独生子。白某红因

2014年4月11日发生交通事故，于2014年9月25日被评定为X级伤残。杨某库、白某红提交两份盖有乡榆树营村委会及白虎沟蒙古族满族乡人民政府公章的证明，均载明杨某库、白某红无劳动能力，也无其他生活来源。且杨某库患有多种疾病，白某红曾因交通事故导致伤残。杨某超北京居住证有效期为2015年1月9日至2016年1月9日。

【案件焦点】

1. 涉案彩钢棚工程的维修责任方问题；2. 死者杨某超与杨某松之间的法律关系。

【法院裁判要旨】

北京市丰台区人民法院经审理认为：闫某刚将装修工程发包给高某勇，高某勇将工程中彩钢棚部分分包给杨某松，事故发生于对彩钢棚的后期维修过程中，杨某松辩称彩钢棚的维修属于新的劳务关系，经查，该后期维修属于保修期内的无偿维修，本身属于杨某松承包彩钢棚工程的组成部分，且对工程的维修，从高某勇多次联系杨某松，杨某松多次联系杨某超前往的事实亦可明显体现杨某松系工程维修的责任方，杨某超系为杨某松的工程提供劳务，故杨某松的辩称没有事实依据，法院不予采信。根据现有证据，杨某松承包彩钢棚工程后，其所寻找的建设工人中并不包含杨某超，杨某超仅是按照杨某松的通知为彩钢棚工程提供后期维修服务，但杨某松并未就此向杨某超支付相应费用，且从高某勇、杨某松在接受公安机关询问时共同确认杨某松曾将杨某超介绍给高某勇的公司、杨某松确认“其与杨某超是同乡，平时谁活多干不过来了，就把多余的活交给别人干”等证言来看，现有证据尚不足以认定杨某松与杨某超之间存在雇佣关系，故法院综合现有证据并结合杨某超存在未收取费用为杨某松所承包的工程提供后期维修劳务这一主要事实，认定杨某超系基于杨某松的请求为其提供无偿帮工劳务。

帮工人因帮工活动遭受人身损害的，被帮工人应当承担赔偿责任。法律规定承担连带责任的，被侵权人有权请求部分或者全部连带责任人承担责任。被侵权人对损害的发生也有过错的，可以减轻侵权人的责任。杨某松依法应对杨某超在帮工过程中意外身亡承担相应的赔偿责任。杨某超作为施工人，依常识可知应重点防范高空坠落的风险，但其因过于自信而在未采取安全措施的情况下进行施工，未尽到对自身安全防护的谨慎义务，其对事故的发生负有重要过失，应依法减轻杨某松相应的赔偿责任。法院根据案情、双方在事故中的具体行为、杨某超系应杨某松的请求给予无偿帮工等情节，确定双方各承担 50% 的责任。杨某库、白某红关于由闫某刚、高某勇承担连带责任的主张，无相应法律依据，法院依法不予支持。综上，杨某库、白某红关于死亡赔偿金、被扶养人生活费、丧葬费、交通费等主张依法有据，法院对此合理部分予以支持，并由双方依照上述比例进行承担。其中，死亡赔偿金、被扶养人生活费及丧葬费依法计算，计算标准为北京城镇标准；家属误工费，无相应事实依据，法院不予支持；家属交通费，由法院根据案情酌定为 600 元；鉴定费，据实凭票计算。关于精神损害抚慰金，考虑到杨某超死亡事实给近亲属带来的伤害，原告的主张有相应事实依据，法院予以支持，精神损害抚慰金确定为 10 万元。

北京市丰台区人民法院依照《中华人民共和国侵权责任法》第十六条、第二十二条、第二十六条，《最高人民法院关于审理人身损害赔偿案件适用法律若干问题的解释》第十四条，《中华人民共和国民事诉讼法》第六十四条第一款之规定，判决：

一、杨某松于本判决生效后十日内赔杨某库、白某红被扶养人生活费 403460 元、精神损害抚慰金 50000 元、死亡赔偿金 624060 元、丧葬费 25401 元、交通费 300 元、鉴定费 2500 元；

二、驳回杨某库、白某红的其他诉讼请求。

杨某库、白某红、杨某松不服一审判决，提起上诉。

北京市第二中级人民法院经审理认为：本案的争议焦点问题为涉案事故的赔偿责任主体及赔偿数额的认定。2016 年 2 月 22 日，闫某刚之妻孙某玲与高某勇签订了书面装修合同，高某勇将装修工程中彩钢棚安装部分口头分包给杨某松，由杨某松实际施工。后闫某刚向高某勇反映彩钢棚需要维修，高某勇将此事告知杨某松，杨某松派遣杨某超进行维修。现各方当事人对于彩钢棚维修的责任主体说法不一。一般而言，施工者对工程的施工情况最为了解，如在工程保修期内出现问题，由施工者进行维修比较符合常理。本案中，杨某松确认杨某超未参与房屋彩钢棚安装，本次系由其通知前去维修，故法院认为房屋彩钢棚的维修主体应为实际安装人杨某松。同时，杨某松自述未就本次维修向杨某超支付报酬，且杨某松在公安机关的询问笔录中自认“其与杨某超是同乡，平时谁活多干不过来了，就把多余的活交给别人干”。一审法院综合本案现有证据及各方当事人陈述，认定杨某超系基于杨某松之请求为其提供无偿帮工劳务，有事实依据。杨某库、白某红主张杨某松与杨某超之间存在雇佣关系，杨某松主张已将高某勇的相关工程工作转交给杨某超，各方均未提供充分有效的证据佐证其上述主张，故法院对此均不予采信。

根据《最高人民法院关于审理人身损害赔偿案件适用法律若干问题的解释》第十四条规定，帮工人因帮工活动遭受人身损害的，被帮工人应当承担赔偿责任。故本案中应由杨某松依法对杨某超在帮工过程中意外身亡承担相应赔偿责任。现杨某库、白某红、杨某松均要求闫某刚、高某勇承担连带赔偿责任。法院认为，侵权责任法领域的连带责任系法律明确规定而产生的连带责任。杨某库、白某红、杨某松的上述主张，均缺乏法律依据，故法院难以支持，一审法院综合考虑本次事故的发生原因及各方过错程度，认定由杨某超、杨某松各自承担百分之五十的责任，有事实依据。

关于赔偿数额的认定一节，在一审法院审理中杨某库、白某红提交了杨某超的暂住证，有效期限自2015年1月9日至2016年1月9日。高某勇、杨某松在公安机关的询问笔录中均认可杨某松曾将杨某超介绍给高某勇从事相关工作。综合上述证据及各方陈述情况，且考虑到来京务工人员可能存在办理暂住证的意识不强，也存在暂住证办理不连续的情况，一审法院认定按照北京市城镇居民标准计算死亡赔偿金、被扶养人生活费及丧葬费，有事实依据。杨某松主张按照2016年河北省农村居民标准计算各项赔偿，于法无据，法院不予支持。

北京市第二中级人民法院依照《中华人民共和国民事诉讼法》第一百七十条第一款第一项之规定，判决：

驳回上诉，维持原判。

【法官后语】

本案典型意义之一在于义务帮工法律关系的认定弥补了帮工人在帮工活动中遭受的损失，弘扬了助人为乐这一善良风俗。

本案在法律层面上对义务帮工法律关系与雇佣关系的区别与认定提供了有力指引，在价值观层面上通过严格把握归责原则在帮工人与被帮工人之间进行合理的责任分配，既做到让义务帮工的“热心肠”没有“后顾之忧”，又引导帮工人与被帮工人在帮工活动中树立安全防范的风险意识、尽职守则，对于传递法治正能量，引领道德新风尚，对弘扬社会主义核心价值观具有积极作用。

本案中要注意提供劳务者受害责任纠纷与义务帮工人受害责任纠纷的区别。二者最大的区别在于雇佣关系中劳动者提供劳动而收取劳动报酬；义务帮工关系中劳动者提供劳动不收取报酬。我国现行法律规定的义务帮工关系一般是指无偿、自愿为他人处理事务从而与他人形成的法律关系。通常帮工人与被帮工人之间往往具有一定的亲属关系、朋友关系或者邻居（熟人）关系，其提供无偿劳务的目的体现了社会生活中人与人之间相互帮助、相互关心的道德风尚。

本案典型意义之二在于责任承担主体、责任比例认定严格把握归责原则的适用，不受“死者为大”观念干扰，不因双方当事人家庭经济悬殊而一味“和稀泥”。

《最高人民法院关于审理人身损害赔偿案件适用法律若干问题的解释》第五条第一款规定：“无偿提供劳务的帮工人因帮工活动遭受人身损害的，根据帮工人和被帮工人各自的过错承担相应的责任；被帮工人明确拒绝帮工的，被帮工人不承担赔偿责任，但可以在受益范围内予以适当补偿。”本案中，责任主体为房屋彩钢棚的维修主体、实际安装人、被帮工人杨某松，因侵权责任法领域的连带责任系法律明确规定而产生的连带责任，故杨某库、白某红请求杨某松、高某勇、闫某刚承担连带责任的主张缺乏法律依据，法院难以支持。虽房主闫某刚庭审中表示愿意基于同情给予死者家庭适当补偿，但结合现有证据，闫某刚不应承担任何法律责任，如果让其承担补偿责任，将与法律的宗旨和精神相悖，不利于促进法治文明和社会文明。

本案帮工人作为完全民事行为能力人，依常识即可知应重点防范高空坠落的风险，其理应预先考虑到相应风险，注意安全，从而避免事故的发生。但其因过于自信在未采取安全措施的情况下进行施工，未尽到对自身安全防护的谨慎义务，其对事故的发生负有重要过失，对此事故的发生亦应承担部分责任。本案不受“死者为大”观念干扰，在审判中严格把握归责原则的适用，明确法律规范与公民情感的界限，根据案情、双方在事故中的具体行为、杨某超系应杨某松的请求给予无偿帮工等情节，确定双方各承担50%的责任，既能让义务帮工的“热心肠”没有“后顾之忧”，又可以约束帮工人尽职尽责，忠于职守，达到帮工活动的初衷和目的，有利于传递法治正能量，引领道德新风尚，对弘扬社会主义核心价值观发挥了积极作用。

本案典型意义之三在于对帮工人人身损害赔偿采用北京市城镇居民标准的认定，是对越发高涨的“统一城乡居民赔偿标准”“同命同价”的改革呼声的有力回应。

本案中杨某超的暂住证有效期限系自2015年1月9日至2016年1月9日。高某勇、杨某松在公安机关的询问笔录中均认可杨某松曾将杨某超介绍给高某勇从事相关工作。综合上述证据及各方陈述情况，考虑到来京务工人员可能存在办理暂住证的意识不强，也存在暂住证办理不连续的情况，一、二审法院均确认按照北京市城镇居民标准计算死亡赔偿金、被扶养人生活费及丧葬费。这一认定有利于给予受害人公正、及时的损害赔偿救济，是对于越发高涨的“统一城乡居民赔偿标准”“同命同价”的改革呼声的有力回应，无疑是法治文明的一大进步。后2019年9月，最高人民法院下发通知，授权各省高院在辖区内开展人身损害赔偿纠纷案件统一城乡居民赔偿标准试点。

编写人：北京市丰台区人民法院　袁艳玲　戴雅竞

45

超过瑕疵担保期限后原承揽人免费修理定作物的应认定为义务帮工

——周某法诉周某志义务帮工人受害责任案

【案件基本信息】

1. 裁判书字号

江苏省扬州市中级人民法院（2019）苏10民终546号民事判决书

2. 案由：义务帮工人受害责任纠纷

3. 当事人

原告（上诉人）：周某法

被告（上诉人）：周某志

【基本案情】

周某法与周某志系同村组村民。周某法从事阳光房安装业务十余年，未取得施工资质。周某志的房屋为两层楼房，2014 年 4 月，双方商谈一致，周某志家的一楼平顶上安装玻璃阳光房由周某法包工包料施工，价格为 38000 元，未约定保修期限。周某法施工一周左右完工，该阳光房距离一楼平顶约 3 米，面积为 100 平方米左右。2015 年春节前周某志将 38000 元支付给周某法。后周某志的阳光房有几次玻璃开裂，周某志购买玻璃后周某法无偿为其进行了更换。2017 年 11 月 25 日上午因周某志的阳光房玻璃破裂，周某志再次找周某法无偿为其更换，周某法在更换过程中从一块破裂的玻璃上跌落下来，被送至江都中医院治疗，医疗费周某志垫付 3500 元，余款由周某法支付，至今周某法未与该院结账。后周某法至江苏省苏北人民医院住院治疗，该院诊断为左肱骨下端骨折粉碎性，左肱骨干骨折，左鹰嘴骨折、左桡骨头骨折、高血压病，周某法支付医疗费 50445. 37 元。周某法认为双方系义务帮工关系，周某志认为因双方之前存在加工承揽关系，周某法是履行维修义务。就赔偿事宜，双方当事人在村委会调解未果，故周某法诉至法院。

【案件焦点】

1. 本次事故中双方当事人的法律关系应当如何认定；2. 本案赔偿比例应当如何认定。

【法院裁判要旨】

江苏省扬州市江都区人民法院经审理认为：公民的健康权受法律保护。本案中，周某志承担民事责任的前提是其对周某法受伤存在过错。周某法与周某志在 2014 年 4 月建立了阳光房加工承揽关系，周某法作为承揽方，合理期限内的维修义务是其合同附随义务。周某志在 2017 年 11 月要求周某法维修，虽然已超过合理期限，但周某法自愿同意提供无偿维修，不违反法律规定，故应认定周某法系作为承揽方在履行维修义务活动中受伤。法院对周某法主张双方系义务帮工关系不予采信。周某法作为无施工资质的人员承接工程，且在履行维修义务中，在高处作业时未能采取安全措施，亦未注意施工安全，造成自身受伤，具有过错；周某志选择无施工资质的周某法从事安装阳光房，导致安全生产条件恶化，存在选任过错。由于双方对周某法受伤均有过错，且周某法是在超过合理期限后自愿无偿为周某志维修，故酌定周某志赔偿周某法损失的 50%，即 25222.68 元，其余 50% 由周某法自负。

江苏省扬州市江都区人民法院依照《中华人民共和国民法总则》第三条，《中华人民共和国侵权责任法》第十六条，《最高人民法院关于审理人身损害赔偿案件若干问题的解释》第十条之规定，判决：

周某志于本判决生效之日起十日内赔偿周某法损失 25222.68 元。

周某法、周某志不服一审判决，提起上诉。

江苏省扬州市中级人民法院经审理认为：承揽关系是承揽人按照定作人的要求完成工作并交付工作成果而形成的关系。义务帮工是指帮工人为了被帮工人的利益，自愿、无偿提供帮助和协助工作而形成的关系。本案中，周某法与周某志之间应认定为义务帮工关系。

首先，无论是建造阳光房还是更换玻璃，双方均是口头约定，未签订书面协议。虽然双方当事人对阳光房的施工期有争议，但均确认阳光房在 2014 年完工后，2015 年春节前已经结清款项。根据《中华人民共和国合同法》第二百五十五条和第二百六十一条的相关规定，承揽人提供材料的，有接受定作人对材料规格、型号、数量、质量等进行检验，以保证材料符合双方约定的义务；在承揽工作完成后，定作人也有验收工作成果的义务。而本案从施工开始到支付款项的期间内，周某志均未对定作项目提出异议。同时，考虑到玻璃为易损件，且事故发生于 2017 年 11 月 25 日，距阳光房完工确实已经超过合理的维修期限，故不应认定周某法本次维修行为系完成原承揽关系的附随义务。

其次，义务帮工和承揽关系一个显著的区别就是是否需要支付报酬。在承揽关系中，承揽方一般应当收取定作方报酬，但本案双方当事人均一致确认玻璃为周某志购买，周某法是免费替其更换玻璃，不存在收取报酬的情形，故双方之间并没有形成新的承揽关系。

最后，在帮工关系中，仅要求帮工人一方负担给付义务，不需要对方负担给付义务。本案中，仅有周某法根据周某志的指示，单方向周某志提供劳务，周某志未提供相应的对价，二人之间的关系符合义务帮工的单务合同特征。

《最高人民法院关于审理人身损害赔偿案件适用法律若干问题的解释》第十四条第一款规定："帮工人因帮工活动遭受人身损害的，被帮工人应当承担赔偿责任。被帮工人明确拒绝帮工的，不承担赔偿责任；但可以在受益范围内予以适当补偿。"被帮工人对帮工人的赔偿责任适用无过错责任原则，但是，受害人对损害的发生也有过错的，可以减轻侵害人的民事责任。周某法从事高空作业时却没有采取任何防护措施，也没有尽到谨慎注意义务，属于重大过失，且其过失与损害结果的发生具有直接因果关系，因此应当减轻周某志的赔偿责任。根据各方当事人过错大小及具体案情，法院确定周某志对周某法的损失承担50%的赔偿责任，其余损失由周某法自负。

综上所述，一审法院适用法律错误，应予纠正，但裁判结果正确，无须改判，故法院对周某法与周某志的上诉请求不予支持。

江苏省扬州市中级人民法院依照《最高人民法院关于审理人身损害赔偿案件适用法律若干问题的解释》第十四条第一款，《中华人民共和国民事诉讼法》第一百七十条第一款第一项，《最高人民法院关于适用〈中华人民共和国民事诉讼法〉的解释》第三百三十四条之规定，判决：

驳回上诉，维持原判。

【法官后语】

在承揽合同中，承揽人负有按照合同约定完成工作成果并交付工作成果的义务。所谓承揽人的瑕疵担保责任，是指承揽人向定作人所负的保证工作成果符合合同约定的质量要求的责任。只要承揽人交付的工作成果不符合质量要求，或使工作成果的价值减少或不符合通常效用的，无论承揽人主观上是否有过错，均应当向定作人承担瑕疵担保责任。根据《中华人民共和国民法典》第七百八十一条规定："承揽人交付的工作成果不符合质量要求的，定作人可以合理选择请求承揽人承担修理、重作、减少报酬、赔偿损失等违约责任。"但是，这种瑕疵担保也有期限，否则对承揽人而言是显失公平的，且使承揽人的义务无限期处于不稳定状态，也不符合市场规律，不利于市场经济的发展。

对于约定瑕疵担保期限的，定作人应于约定的期限内提出质量异议。当事人双方未约定提出质量异议期限，应当区分瑕疵的性质以决定定作人提出异议的期间。若属于显性瑕疵，定作人验收时应当发现，应即时通知承揽人，原则上应当场提出；如承揽人不在场，定作人应立即通知承揽人。如没有通知，则视为工作成果符合要求，承揽人不承担瑕疵担保责任。对于只能在使用中发现的质量瑕疵，定作人应在合理期限内及时通知承揽人。一般而言，在承揽合同无特别约定的情况下，定作人提出质量异议的最长时限以2年为宜，即在2年内无论定作人是否发现定作物质量瑕疵，只要未向承揽人提出异议的，即视为认可质量合格。当然，行业标准或国家标准有特殊规定的，从其规定。

就本案而言，在原承揽关系中，定作人周某志与承揽人周某法并未约定瑕疵担保期限，涉案的阳光房在2014年完工后，2015年春节前已经结清款项，事故发生于2017年11月25日，距阳光房完工确实已经超过合理的维修期限，故不应认定本次维修行为系周某法承担原承揽关系的瑕疵担保责任，而应认定双方成立一个新的法律关系。事故发生前，周某志购买玻璃后，周某法是免费替周某志更换玻璃，不存在收取报酬的情形，故双方之间并没有形成新的承揽关系，二人之间关系符合义务帮工的单务合同特征，周某法与周某志之间应认定为义务帮工关系。

编写人：江苏省扬州市江都区人民法院　田鲁敏　靳庆珍

附录：

最高人民法院关于审理人身损害赔偿案件适用法律若干问题的解释

（2003 年 12 月 4 日最高人民法院审判委员会第 1299 次会议通过　根据 2020 年 12 月 23 日最高人民法院审判委员会第 1823 次会议通过的《最高人民法院关于修改〈最高人民法院关于在民事审判工作中适用《中华人民共和国工会法》若干问题的解释〉等二十七件民事类司法解释的决定》修正）

为正确审理人身损害赔偿案件，依法保护当事人的合法权益，根据《中华人民共和国民法典》《中华人民共和国民事诉讼法》等有关法律规定，结合审判实践，制定本解释。

第一条　因生命、身体、健康遭受侵害，赔偿权利人起诉请求赔偿义务人赔偿物质损害和精神损害的，人民法院应予受理。

本条所称“赔偿权利人”，是指因侵权行为或者其他致害原因直接遭受人身损害的受害人以及死亡受害人的近亲属。

本条所称“赔偿义务人”，是指因自己或者他人的侵权行为以及其他致害原因依法应当承担民事责任的自然人、法人或者非法人组织。

第二条　赔偿权利人起诉部分共同侵权人的，人民法院应当追加其他共同侵权人作为共同被告。赔偿权利人在诉讼中放弃对部分共同侵权人的诉讼请求的，其他共同侵权人对被放弃诉讼请求的被告应当承担的赔偿份额不承担连带责任。责任范围难以确定的，推定各共同侵权人承担同等责任。

人民法院应当将放弃诉讼请求的法律后果告知赔偿权利人，并将放弃诉讼请求的情况在法律文书中叙明。

第三条　依法应当参加工伤保险统筹的用人单位的劳动者，因工伤事故遭受人身损害，劳动者或者其近亲属向人民法院起诉请求用人单位承担民事赔偿责任的，告知其按《工伤保险条例》的规定处理。

因用人单位以外的第三人侵权造成劳动者人身损害，赔偿权利人请求第三人承担民事赔偿责任的，人民法院应予支持。

第四条 无偿提供劳务的帮工人，在从事帮工活动中致人损害的，被帮工人应当承担赔偿责任。被帮工人承担赔偿责任后向有故意或者重大过失的帮工人追偿的，人民法院应予支持。被帮工人明确拒绝帮工的，不承担赔偿责任。

第五条 无偿提供劳务的帮工人因帮工活动遭受人身损害的，根据帮工人和被帮工人各自的过错承担相应的责任；被帮工人明确拒绝帮工的，被帮工人不承担赔偿责任，但可以在受益范围内予以适当补偿。

帮工人在帮工活动中因第三人的行为遭受人身损害的，有权请求第三人承担赔偿责任，也有权请求被帮工人予以适当补偿。被帮工人补偿后，可以向第三人追偿。

第六条 医疗费根据医疗机构出具的医药费、住院费等收款凭证，结合病历和诊断证明等相关证据确定。赔偿义务人对治疗的必要性和合理性有异议的，应当承担相应的举证责任。

医疗费的赔偿数额，按照一审法庭辩论终结前实际发生的数额确定。器官功能恢复训练所必要的康复费、适当的整容费以及其他后续治疗费，赔偿权利人可以待实际发生后另行起诉。但根据医疗证明或者鉴定结论确定必然发生的费用，可以与已经发生的医疗费一并予以赔偿。

第七条 误工费根据受害人的误工时间和收入状况确定。

误工时间根据受害人接受治疗的医疗机构出具的证明确定。受害人因伤致残持续误工的，误工时间可以计算至定残日前一天。

受害人有固定收入的，误工费按照实际减少的收入计算。受害人无固定收入的，按照其最近三年的平均收入计算；受害人不能举证证明其最近三年的平均收入状况的，可以参照受诉法院所在地相同或者相近行业上一年度职工的平均工资计算。

第八条 护理费根据护理人员的收入状况和护理人数、护理期限确定。

护理人员有收入的，参照误工费的规定计算；护理人员没有收入或者雇佣护工的，参照当地护工从事同等级别护理的劳务报酬标准计算。护理人员原则上为一人，但医疗机构或者鉴定机构有明确意见的，可以参照确定护理人员人数。

护理期限应计算至受害人恢复生活自理能力时止。受害人因残疾不能恢复生活自理能力的，可以根据其年龄、健康状况等因素确定合理的护理期限，但最长不超过二十年。

受害人定残后的护理，应当根据其护理依赖程度并结合配制残疾辅助器具的情况确定护理级别。

第九条 交通费根据受害人及其必要的陪护人员因就医或者转院治疗实际发生的费用计算。交通费应当以正式票据为凭；有关凭据应当与就医地点、时间、人数、次数相符合。

第十条 住院伙食补助费可以参照当地国家机关一般工作人员的出差伙食补助标准予以确定。

受害人确有必要到外地治疗，因客观原因不能住院，受害人本人及其陪护人员实际发生的住宿费和伙食费，其合理部分应予赔偿。

第十一条 营养费根据受害人伤残情况参照医疗机构的意见确定。

第十二条 残疾赔偿金根据受害人丧失劳动能力程度或者伤残等级，按照受诉法院所在地上一年度城镇居民人均可支配收入或者农村居民人均纯收入标准，自定残之日起按二十年计算。但六十周岁以上的，年龄每增加一岁减少一年；七十五周岁以上的，按五年计算。

受害人因伤致残但实际收入没有减少，或者伤残等级较轻但造成职业妨害严重影响其劳动就业的，可以对残疾赔偿金作相应调整。

第十三条 残疾辅助器具费按照普通适用器具的合理费用标准计算。伤情有特殊需要的，可以参照辅助器具配制机构的意见确定相应的合理费用标准。

辅助器具的更换周期和赔偿期限参照配制机构的意见确定。

第十四条 丧葬费按照受诉法院所在地上一年度职工月平均工资标准，以六个月总额计算。

第十五条 死亡赔偿金按照受诉法院所在地上一年度城镇居民人均可支配收入或者农村居民人均纯收入标准，按二十年计算。但六十周岁以上的，年龄每增加一岁减少一年；七十五周岁以上的，按五年计算。

第十六条 被扶养人生活费计入残疾赔偿金或者死亡赔偿金。

第十七条 被扶养人生活费根据扶养人丧失劳动能力程度，按照受诉法院所在地上一年度城镇居民人均消费性支出和农村居民人均年生活消费支出标准计算。被扶养人为未成年人的，计算至十八周岁；被扶养人无劳动能力又无其他生活来源的，计算二十年。但六十周岁以上的，年龄每增加一岁减少一年；七十五周岁以上的，按五年计算。

被扶养人是指受害人依法应当承担扶养义务的未成年人或者丧失劳动能力又无其他生活来源的成年近亲属。被扶养人还有其他扶养人的，赔偿义务人只赔偿受害人依法应当负担的部分。被扶养人有数人的，年赔偿总额累计不超过上一年度城镇居民人均消费性支出额或者农村居民人均年生活消费支出额。

第十八条 赔偿权利人举证证明其住所地或者经常居住地城镇居民人均可支配收入或者农村居民人均纯收入高于受诉法院所在地标准的，残疾赔偿金或者死亡赔偿金可以按照其住所地或者经常居住地的相关标准计算。

被扶养人生活费的相关计算标准，依照前款原则确定。

第十九条 超过确定的护理期限、辅助器具费给付年限或者残疾赔偿金给付年限，赔偿权利人向人民法院起诉请求继续给付护理费、辅助器具费或者残疾赔偿金的，人民法院应予受理。赔偿权利人确需继续护理、配制辅助器具，或者没有劳动能力和生活来源的，人民法院应当判令赔偿义务人继续给付相关费用五至十年。

第二十条 赔偿义务人请求以定期金方式给付残疾赔偿金、辅助器具费的，应当提供相应的担保。人民法院可以根据赔偿义务人的给付能力和提供担保的情况，确定以定期金方式给付相关费用。但是，一审法庭辩论终结前已经发生的费用、死亡赔偿金以及精神损害抚慰金，应当一次性给付。

第二十一条 人民法院应当在法律文书中明确定期金的给付时间、方式以及每期给付标准。执行期间有关统计数据发生变化的，给付金额应当适时进行相应调整。

定期金按照赔偿权利人的实际生存年限给付，不受本解释有关赔偿期限的限制。

第二十二条 本解释所称“城镇居民人均可支配收入”“农村居民人均纯收入”“城镇居民人均消费性支出”“农村居民人均年生活消费支出”“职工平均工资”，按照政府统计部门公布的各省、自治区、直辖市以及经济特区和计划单列市上一年度相关统计数据确定。

“上一年度”，是指一审法庭辩论终结时的上一统计年度。

第二十三条 精神损害抚慰金适用《最高人民法院关于确定民事侵权精神损害赔偿责任若干问题的解释》予以确定。

第二十四条 本解释自2004年5月1日起施行。2004年5月1日后新受理的一审人身损害赔偿案件，适用本解释的规定。已经作出生效裁判的人身损害赔偿案件依法再审的，不适用本解释的规定。

在本解释公布施行之前已经生效施行的司法解释，其内容与本解释不一致的，以本解释为准。

图书在版编目（CIP）数据

中国法院2021年度案例．雇员受害赔偿纠纷：含帮工损害赔偿纠纷／国家法官学院，最高人民法院司法案例研究院编．—北京：中国法制出版社，2021.4

ISBN 978-7-5216-1726-9

Ⅰ.①中… Ⅱ.①国…②最… Ⅲ.①劳动合同-经济纠纷-案例-汇编-中国 Ⅳ.①D920.5

中国版本图书馆CIP数据核字（2021）第045799号

策划编辑：李小草（lixiaocao2008@sina.cn）

责任编辑：韩璐玮　王紫晶　　　封面设计：温培英　李宁

中国法院2021年度案例．雇员受害赔偿纠纷

ZHONGGUO FAYUAN 2021 NIANDU ANLI. GUYUAN SHOUHAI PEICHANG JIUFEN

编者/国家法官学院，最高人民法院司法案例研究院

经销/新华书店

印刷/三河市紫恒印装有限公司

开本/730毫米×1030毫米　16开　　　印张/12.25　字数/159千

版次/2021年4月第1版　　　2021年4月第1次印刷

中国法制出版社出版

书号 ISBN 978-7-5216-1726-9　　　定价：53.00元

北京西单横二条2号

邮政编码100031　　　传真：010-66031119

网址：http://www.zgfzs.com　　　**编辑部电话：010-66070046**

市场营销部电话：010-66033393　　　**邮购部电话：010-66033288**

（如有印装质量问题，请与本社印务部联系调换。电话：010-66032926）

中国法院 2012～2021 年度案例系列

国家法官学院　最高人民法院司法案例研究院　编

简便易用、权威实用——打造“好读有用”的案例

1. 权威的作者：国家法官学院自 2012 年起推出《中国法院年度案例》丛书，至今已有 10 年，旨在探索编辑案例的新方法、新模式，以弥补当前各种案例书的不足。自 2020 年起，丛书由国家法官学院与最高人民法院司法案例研究院共同编辑，每年年初定期出版。

2. 强大的规模：2012、2013 年各推出 15 本，2014 年推出 18 本，2015 年推出 19 本，2016 年推出 20 本，2017 年推出 21 本，自 2018 年起推出 23 本，含传统和新近的所有热点纠纷，这些案例是从全国各地法院收集到的上一年度审结的近万件典型案例中挑选出来的，具有广泛的选编基础和较强的代表性。

3. 独特的内容：不再有繁杂的案情，高度提炼案情和裁判要旨，突出争议焦点问题。不再有冗长的分析，主审法官撰写“法官后语”，展现裁判思路方法。

4. 数据库增值服务：2021 年继续推出数据库增值服务，凡购买本书，扫描前勒口二维码，即可在本年度免费使用往年同类案例数据库，并可免费下载民法典全文及新旧对照。

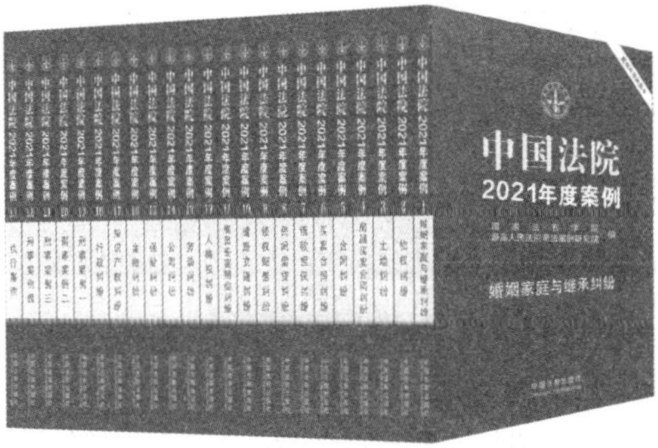

1. 婚姻家庭与继承纠纷
2. 物权纠纷
3. 土地纠纷（含林地纠纷）
4. 房屋买卖合同纠纷
5. 合同纠纷
6. 买卖合同纠纷
7. 借款担保纠纷
8. 民间借贷纠纷
9. 侵权赔偿纠纷
10. 道路交通纠纷
11. 雇员受害赔偿纠纷（含帮工受害纠纷）
12. 人格权纠纷（含生命、健康、身体、名誉、姓名、肖像、一般人格权纠纷）
13. 劳动纠纷（含社会保险纠纷）
14. 公司纠纷
15. 保险纠纷
16. 金融纠纷
17. 知识产权纠纷
18. 行政纠纷
19. 刑事案例一
20. 刑事案例二
21. 刑事案例三
22. 刑事案例四
23. 执行案例

最高人民法院指导性案例裁判规则理解与适用系列

公司卷二	98 元	物权卷	88 元
公司卷（第三版）（上下册）	139 元	婚姻家庭卷（第二版）	68 元
民事诉讼卷（第二版）（上下册）	145 元	合同卷四（第二版）	98 元
侵权赔偿卷二	69 元	合同卷三（第二版）	98 元
侵权赔偿卷一	69 元	合同卷二（第二版）	108 元
房地产卷	98 元	合同卷一（第二版）	108 元
劳动争议卷	58 元	担保卷（第二版）（上下册）	139 元

民法典时代

民法典新规则案例适用	108 元
中华人民共和国民法典释义与案例评注：总则编	125 元
中华人民共和国民法典释义与案例评注：物权编	156 元
中华人民共和国民法典释义与案例评注：人格权编	65 元
中华人民共和国民法典释义与案例评注：婚姻家庭编	68 元
中华人民共和国民法典释义与案例评注：继承编	65 元
中华人民共和国民法典释义与案例评注：侵权责任编	108 元
中华人民共和国民法典释义与案例评注：合同编	246 元
中华人民共和国民法典总则编释义	158 元
中华人民共和国民法典合同编释义	228 元
中华人民共和国民法典人格权与侵权责任编释义	158 元
中华人民共和国民法典婚姻家庭编与继承释义	98 元
中华人民共和国民法典物权编释义	138 元（估）

最高人民法院知识产权要案典丛

最高人民法院知识产权要案典丛·综合卷	258 元
最高人民法院知识产权要案典丛·著作权卷	78 元
最高人民法院知识产权要案典丛·专利卷	405 元
最高人民法院知识产权要案典丛·商标卷	239 元